未来をひらく
ESDの授業づくり
持続可能な開発のための教育

小学生のためのカリキュラムをつくる

藤井浩樹/川田 力 監修
広島県福山市立駅家西小学校 編

ミネルヴァ書房

地域をつなぐ

文化をつなぐ

これが ESD

人をつなぐ

将来をつなぐ

ESDカリキュラムの3次元モデル

"社会"を基盤に教育課程をつくる。
その社会とは、もちろん"持続可能な社会"。

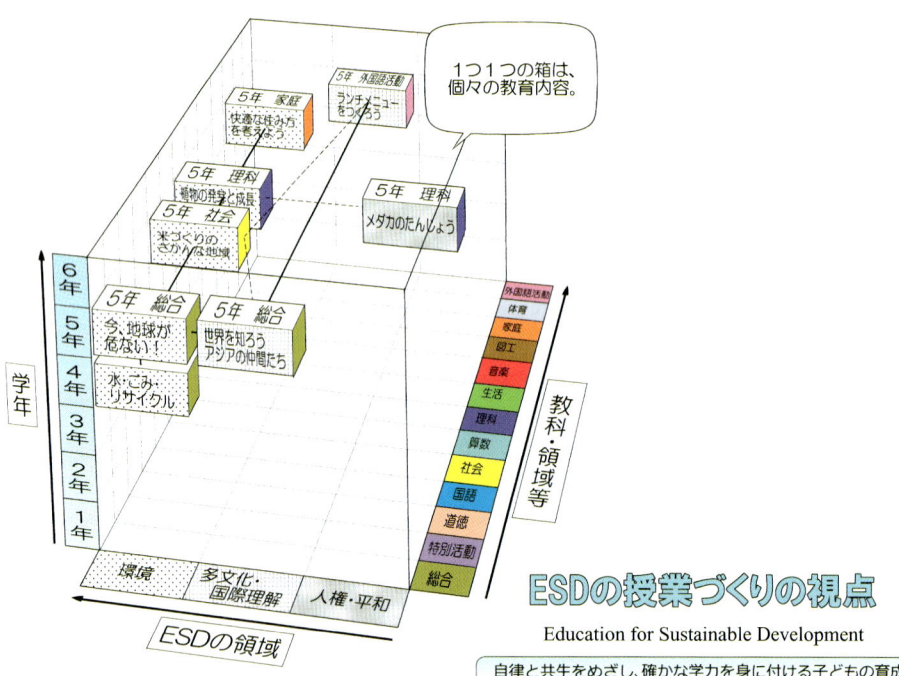

ESDの授業づくりの視点
Education for Sustainable Development

自律と共生をめざし、確かな学力を身に付ける子どもの育成

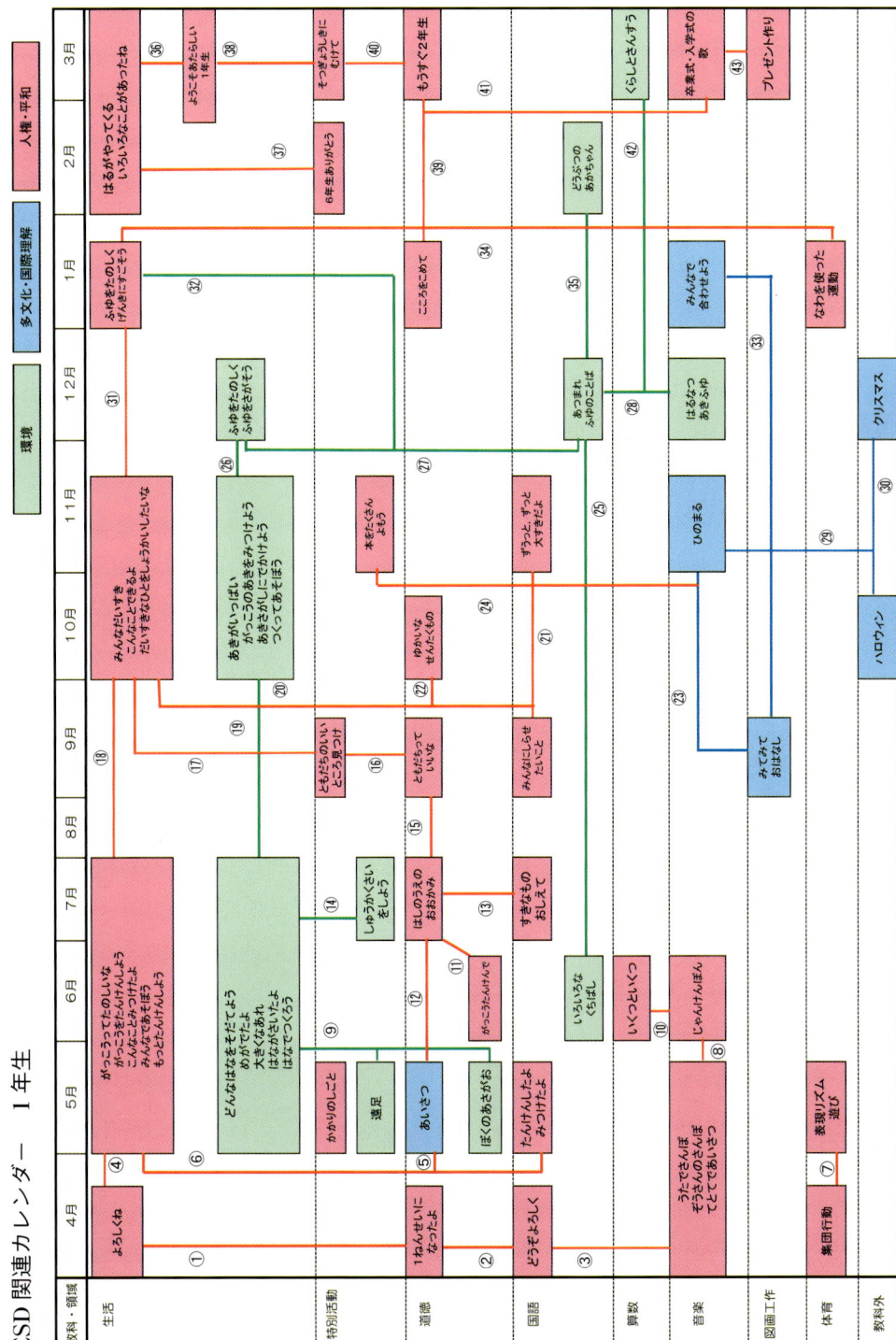

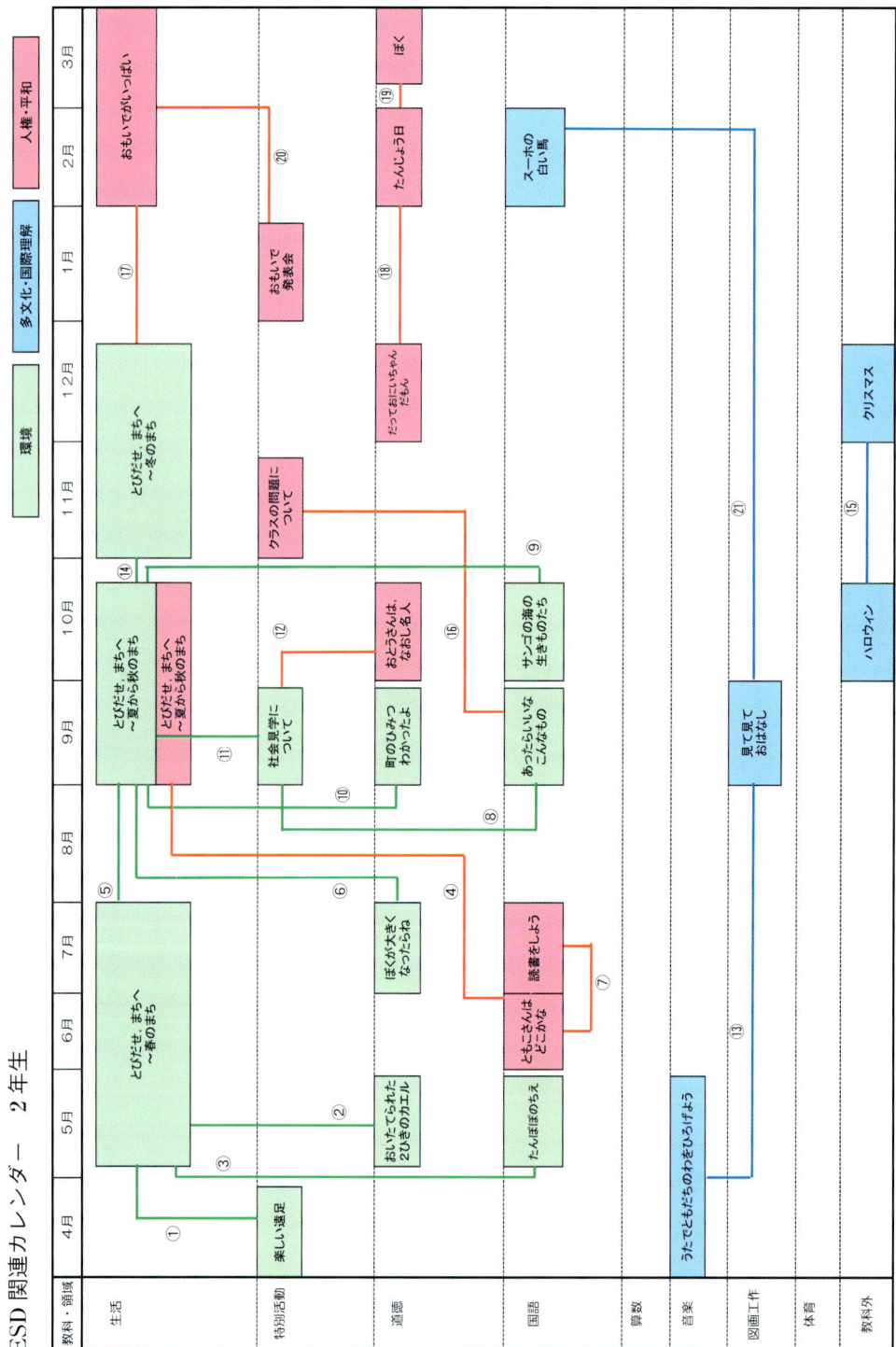

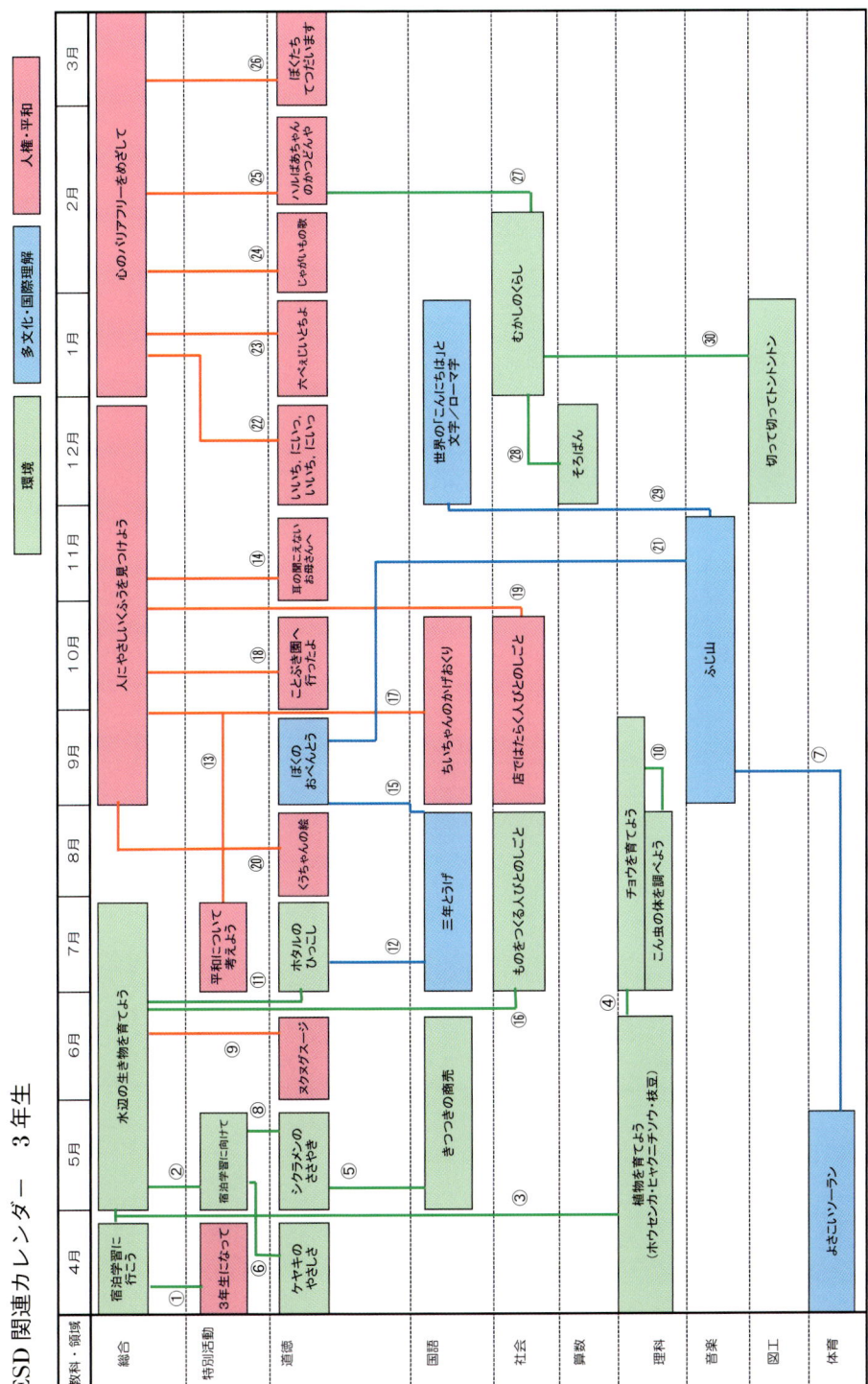

口絵 5

ESD 関連カレンダー　4 年生

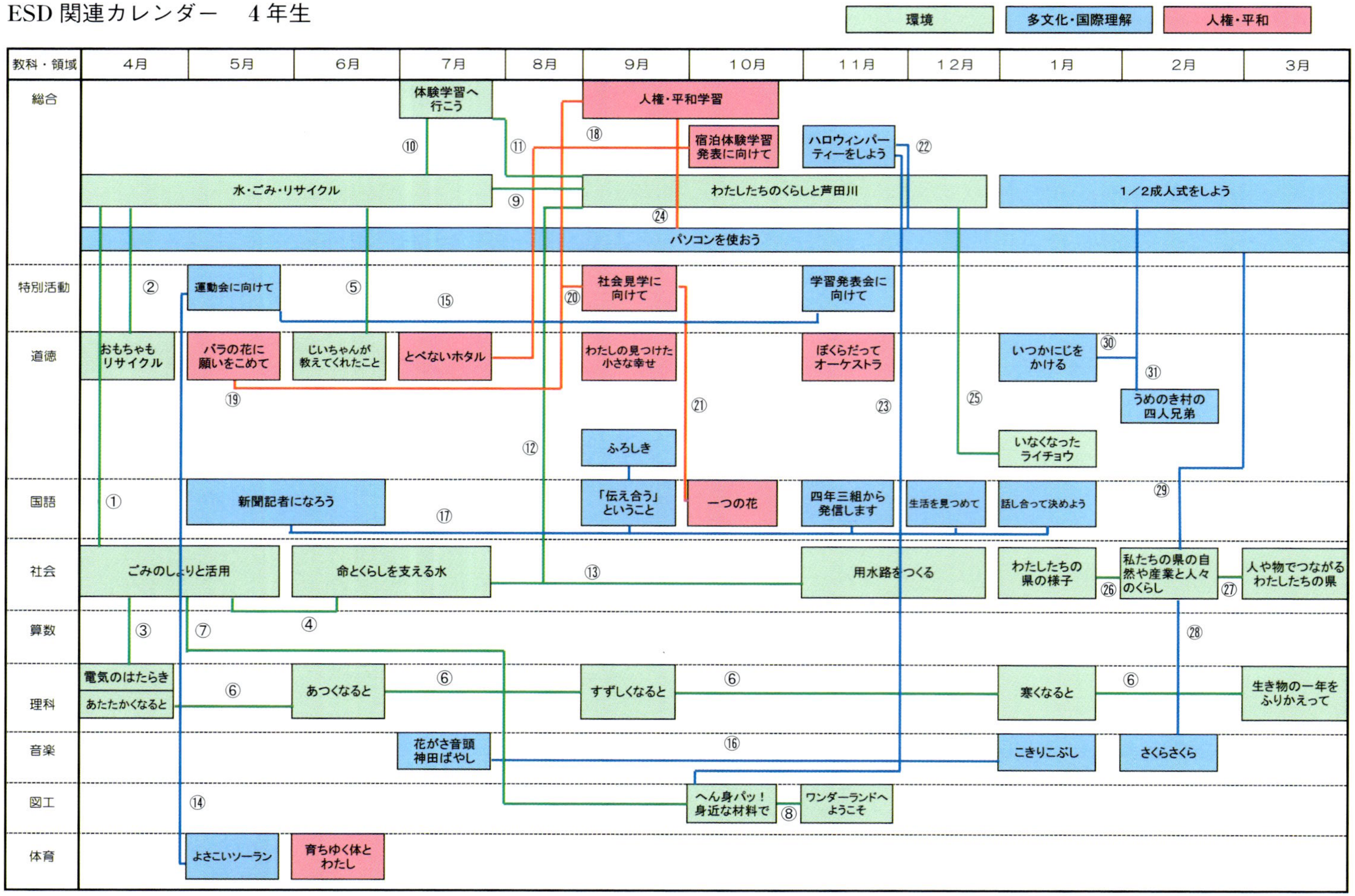

環境
多文化・国際理解
人権・平和
教科・領域
4月
5月
6月
7月
8月
9月
10月
11月
12月
1月
2月
3月
総合
特別活動
道徳
国語
社会
算数
理科
音楽
図工
体育
体験学習へ行こう
人権・平和学習
宿泊体験学習発表に向けて
ハロウィンパーティーをしよう
水・ごみ・リサイクル
わたしたちのくらしと芦田川
1／2成人式をしよう
パソコンを使おう
運動会に向けて
社会見学に向けて
学習発表会に向けて
おもちゃもリサイクル
バラの花に願いをこめて
じいちゃんが教えてくれたこと
とべないホタル
わたしの見つけた小さな幸せ
ぼくらだってオーケストラ
いつかにじをかける
うめのき村の四人兄弟
いなくなったライチョウ
ふろしき
新聞記者になろう
「伝え合う」ということ
一つの花
四年三組から発信します
生活を見つめて
話し合って決めよう
ごみのしょりと活用
命とくらしを支える水
用水路をつくる
わたしたちの県の様子
私たちの県の自然や産業と人々のくらし
人や物でつながるわたしたちの県
電気のはたらき
あたたかくなると
あつくなると
すずしくなると
寒くなると
生き物の一年をふりかえって
花がさ音頭 神田ばやし
こきりこぶし
さくらさくら
へん身パッ！身近な材料で
ワンダーランドへようこそ
よさこいソーラン
育ちゆく体とわたし
①
②
③
④
⑤
⑥
⑦
⑧
⑨
⑩
⑪
⑫
⑬
⑭
⑮
⑯
⑰
⑱
⑲
⑳
㉑
㉒
㉓
㉔
㉕
㉖
㉗
㉘
㉙
㉚
㉛

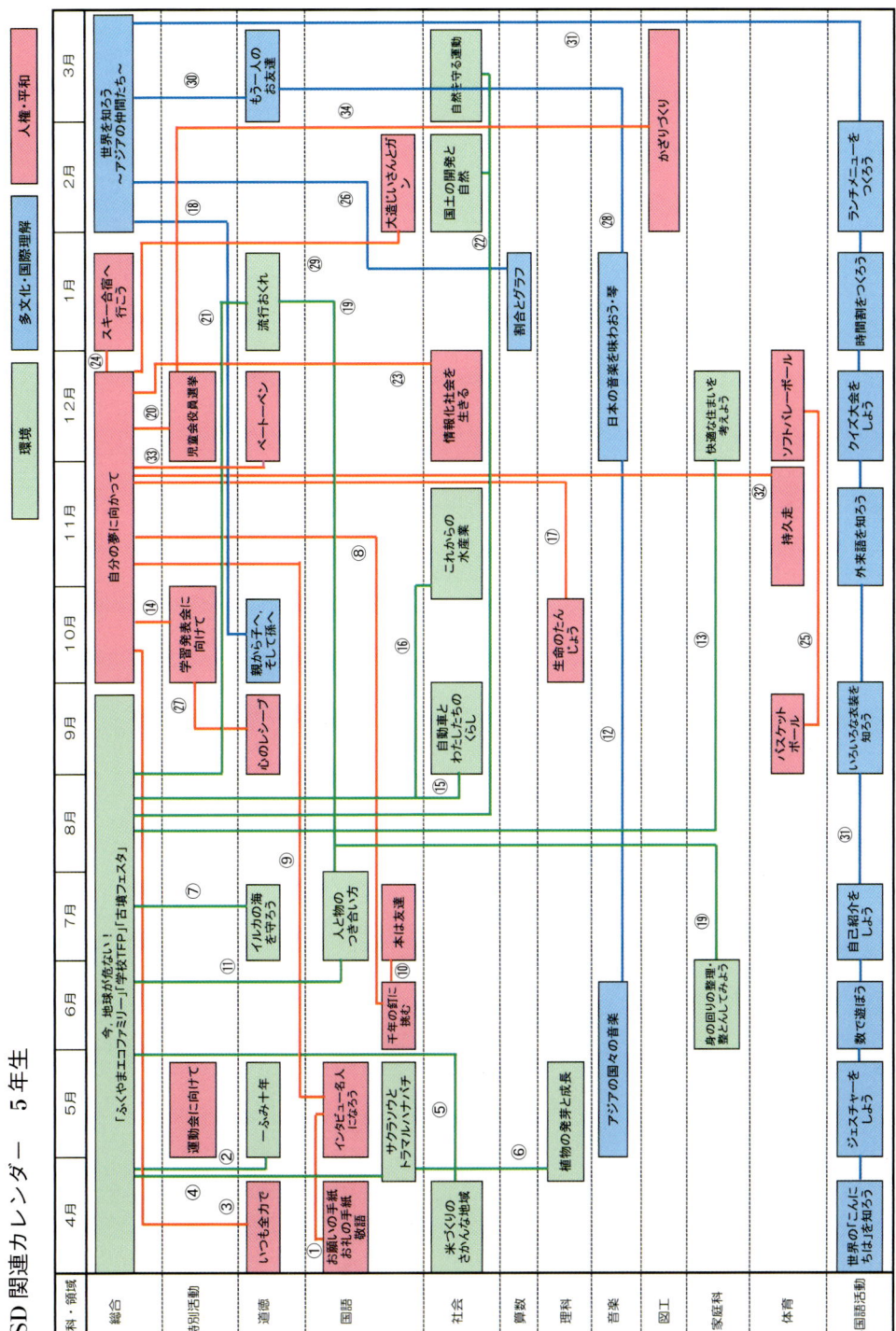

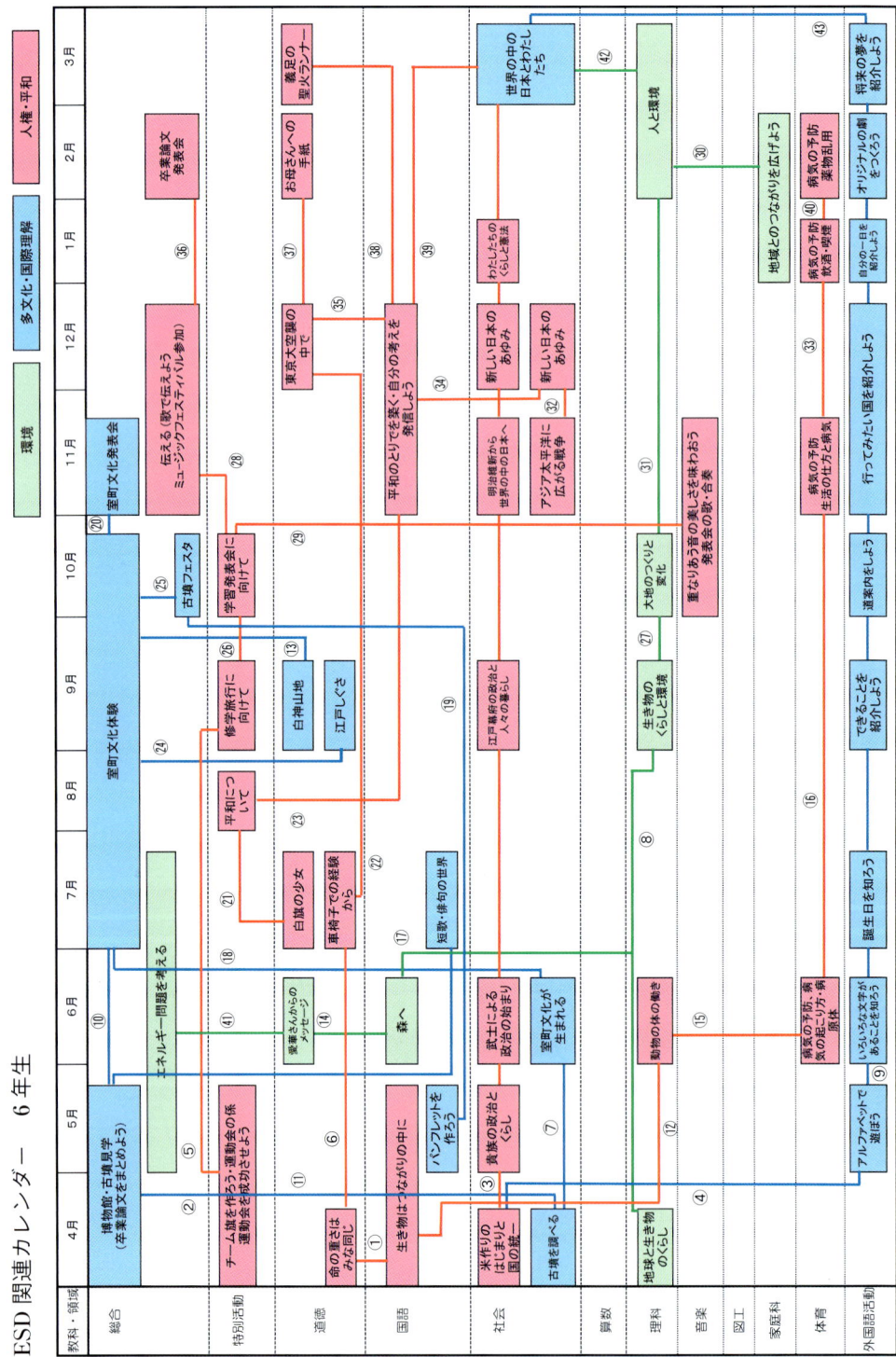

発刊に寄せて

広島県福山市教育委員会教育長　吉川　信政

　福山市立駅家西小学校の「持続可能な開発のための教育（ESD）」の視点に立った取り組みが3年目を迎え，この度，これまでの取り組みと成果をまとめた記念誌を発刊されますことを心からお慶び申し上げます。

　21世紀は，「知識基盤社会」の時代であると言われており，科学技術の進展の中で，人間と自然が調和しながら持続可能な社会を創っていくことが求められています。こうした考え方は，本年度から完全実施されている新学習指導要領においても各教科等の目標や学習内容に取り入れられています。

　同校は，平成23年1月，国がESDの推進拠点と位置付けたユネスコ・スクールに認定されました。従来の「環境教育」「人権教育」「平和教育」「国際理解・多文化理解教育」等のさまざまな領域と各教科をESDという視点から捉え直して，それぞれの内容を結び付けながら学習活動を展開しておられます。また，教科・領域をつなぐために作成した「ESD関連カレンダー」の活用を通して，自律心，思考力・判断力・表現力，責任意識という「子どもに付けたい力」の共有化を図っておられます。6年間の系統的な取り組みにより，児童は「自分と学びとのつながり」「学んだ内容同士のつながり」「自分と他者とのつながり」を意識するようになり，付けたい力が着実に伸びてきていると聞いております。

　こうした児童の姿は，校長先生をはじめ教職員の皆様が，市民から信頼されることはもとより，広く全国から評価される学校教育の実現に向けてご尽力された成果であります。ESDの先駆的な役割を果たしておられることに敬意を表しますとともに，今後の取り組みのさらなる発展，充実を期待するものです。

　終わりになりましたが，児童一人一人に「生きる力」を育み，将来の社会を創造する人間の育成をめざす同校の実践が，本書の発刊を契機として，全国のESDの取り組みの充実に寄与することを切に願っております。

はじめに

　現在の子どもたちの育ちについて危惧を抱き，なんとかしたいと悪戦苦闘している教師はとても多いと思います。子どもたちが刻々と変容してきている様子の中から，私は，めざすべき教育の一つの形を見出しました。ちょうどさまざまな学力調査の結果，日本の子どもの学力低下が大きな話題となり，教育三法の改正，新学習指導要領の改訂が進んでいた時期と重なります。

　2つの小学校長を歴任しましたが，1校目では全校で科学研究に取り組み，理科や生活科，総合的な学習，自然体験学習を研究する中で，1つのことを追究することによって，子どもたちは考える道筋，つまり論理的思考力を身に付けていくこと，また，そのことが他の教科に有効に働き，国語や算数などの学力の大きな向上につながることを実感しました。もちろん，小学校ですので，科学研究を進めるうえでは，専門的な知識は大学の先生方や専門家の方々，さまざまなNPO法人の方々のご支援をいただいたことは言うまでもありません。また，幼稚園の園長を兼務していましたので，幼小が連携した円滑な接続の研究を進め，体験活動の教育課程における位置付けや教科・領域等の関係について取り組むことが，子どもたちの学力の向上に結び付くことを実感しました。そうして，平成20年4月，2校目の本校に赴任しました。

　本校では，平成18年度より福山市圏交通円滑化総合推進委員会と連携し，5年生の児童が「学校TFP（トラベル・フィードバック・プログラム）」（公共交通機関の利用による車の渋滞緩和とCO_2の排出削減が目的）に取り組んでいました。このプログラム自体はすばらしく，子どもたちもがんばって進めていたのですが，残念なことに5年生だけの実践に終わり，他学年への広がりにはなっていませんでした。私は，子どもたちの課題と教職員の疲弊感を何とか取り除きたいと考え，今までの経験を生かし，新たな試みを始めることにしました。

　まず，平成20・21年度は，文部科学省「新しい環境教育の在り方に関する調査研究事業」の指定校となり，環境学習を全校の教育課程に位置付けました。子どもに付けたい力を整理して，児童が環境学習に触れる機会を組織立てて整備したのです。このことにより，環境省の地球温暖化防止活動による大臣表彰をいただくことができました。つづいて，平成21年度には，文部科学省「豊かな体験活動 農山漁

村宿泊推進校」の指定を受け，子どもたちの生きる力を育むために，生活環境を整えていくことにも取り組みました。

　ESD（Education for Sustainable Development：持続可能な開発のための教育）に出会ったのは，これらの指定を受けた最初の年です。教育課程に環境学習をどのように位置付けようかと考えていた時期にESDと出会ったことは，大きな収穫でした。まずは環境教育と体験活動をESDの視点から整理することにし，これらと教科・領域等とのつながりを明確にしました。

　ゼロから始めるのではなく，今ある教育課程をESDの視点から捉え直すことが大切です。ESDで子どもたちに付けたい力を教職員で共有し，それを意識して指導したことで，研究は着実に進んできたように思います。

　ESDはあまりにも壮大で，自分たちの手に負えるのだろうかと悩みながら研究を進めてきましたが，年数を重ねる中で，その成果が少しずつ子どもたちの姿に表れてきました。そして，平成23年11月には，ユネスコ・スクールのESD大賞小学校賞をいただくことができ，大きな励みになっています。

　私はこの3月をもって退任します。本書はこれまで多くの同僚とともに歩んできた教育研究のいわば集大成です。広く皆様方に手に取っていただき，ご批正いただきますと，本校がさらに推し進めるであろうESDの研究に生かすことができると考えております。

　今日まで研究を進めるにあたり，岡山大学大学院の住野好久先生，川田力先生，藤井浩樹先生，元福山市教育委員会教育長の福万建策先生，福山市教育委員会の先生方をはじめ，各界，各校の皆様方には，限りないご指導ご支援をいただきました。また，本校の研究推進に際しまして，駅家西小学校区の地域の皆様方に多大なご支援，ご協力を賜りました。心よりお礼を申し上げます。

　出版に際しましては，ミネルヴァ書房の浅井久仁人様に終始ご指導をいただきました。ここに謹んでお礼申し上げます。

　なお，本書の内容の一部には，平成20-23年度科学研究費補助金基盤研究(A)「持続可能な社会のための科学教育を具現化する教師教育プログラムの開発」（代表　野上智行）の研究成果が反映されています。

　　平成24年2月

　　　　　　　　　　　　　　　　広島県福山市立駅家西小学校長　本宮　弘子

目　次

発刊に寄せて
はじめに

第1章　ESDを始める

1．ESDとの出会い……………………………………………………………… 2
2．ESDを通して育つ子ども像 ………………………………………………… 4
3．ESDの3つの領域と子どもに付けたい力 ………………………………… 6
4．ESD関連カレンダー ………………………………………………………… 8
5．ESDカリキュラムの3次元モデル ………………………………………… 11
6．ESDの授業づくりの視点 …………………………………………………… 12

第2章　ESDを広げる

1．めざせ！仕事名人　～1年　生活科／ESD人権・平和 ………………… 16
　（1）生活科とESDの関連 …………………………………………………… 16
　（2）こんなことできるよ～めざせ！仕事名人～ ………………………… 19
　（3）授業づくりを振り返って ……………………………………………… 29
　　トピック　紙ヒコーキ講習会 …………………………………………… 32

2．とびだせ町へ　春のまち・秋のまち～2年　生活科／ESD環境 ……… 34
　（1）こんな町になったらいいな …………………………………………… 34
　（2）とびだせ町へ …………………………………………………………… 37
　（3）授業づくりを振り返って ……………………………………………… 45
　　トピック　わくわくどきどきフェスティバル ………………………… 48

3．人に優しい工夫を見つけよう～3年　総合／ESD人権・平和 ………… 50
　（1）相手の心に届けたい …………………………………………………… 50
　（2）人に優しい工夫～それは自分の中に～ ……………………………… 52
　（3）授業づくりを振り返って ……………………………………………… 59
　　トピック　水辺の生き物を育てよう …………………………………… 60

4．水・ごみ・リサイクル～4年　社会科・総合／ESD環境 ……………… 62
　（1）共生社会でどう生きるか ……………………………………………… 62
　（2）ごみ，水，そしてスイゲンゼニタナゴの学習 ……………………… 64
　（3）授業づくりを振り返って ……………………………………………… 72
　　トピック　ヒロシマから平和を ………………………………………… 74

v

5．今，地球が危ない！ 〜5年 総合／ESD環境 ································ 76
　（1）地球のためにできること ·· 76
　（2）「1人の100歩より，100人の1歩」をめざして ······················· 80
　（3）授業づくりを振り返って ·· 87
　（4）全国バスサミット「今，地球が危ない！」の発表 ···················· 88
　　トピック　世界を知ろう　アジアの仲間たち ··························· 96

6．室町文化体験学習　〜6年 総合／ESD多文化・国際理解 ··················· 98
　（1）室町文化体験学習がめざすこと ···································· 98
　（2）能楽，茶の湯，琴の体験〜文化のよさ，文化の価値〜 ··············· 100
　（3）授業づくりを振り返って ··· 108
　　トピック　二子塚古墳フェスタ ····································· 110
　　コラム　二子塚古墳を地域の財産として ····························· 112

第3章　ESDを振り返る

1．子どもたちに付いた力 ·· 114
　（1）子どもの学力について ··· 114
　（2）学習に対する子どもの意識について ······························· 115
　（3）教員に身に付いた力について ····································· 117

2．ESDの授業づくりから学んだこと ······································· 118
　（1）子どもたちをはぐくむESD ······································· 118
　（2）ESDと算数のつながり ··· 120
　（3）ESDの授業づくりに参画して ····································· 126
　（4）駅家西小学校におけるESDの深化を求めて ························ 130

付録　ESD関連カレンダー ··· 135

おわりに ··· 159
執筆者一覧
ご指導・ご協力をいただいた皆様，研究同人

エッキニーといいます。えきやにし小学校の校庭の木で休んでいるよ。1年担任の松岡先生が，ぼくを描いてくれました。
それから，巻頭の図と各学年の漫画は，漫画家の新久千映さんの作品だよ。

第 1 章
ESD を始める

1. ESDとの出会い

　最初に，本校がESDを進めることになった経緯について述べます。
　ESDを始める前の子どもたちは，自己肯定感が低い，厳しいことから逃避する，人間関係を築きにくいといった問題を抱えていました。また，十分な学力が付いているとはいえず，たとえば学力テストの成績（平成20年度広島県「基礎・基本」定着状況調査の通過率）を見てみると，算数は県の平均値より1.9ポイント高いものの，国語は3.4ポイント低いという状況でした。
　こうしたなか，私たち教師は，何とかして子どもを自律させたい，学力を付けさせたいという思いをもっていました。そこで，「授業中，集中できないのは，体力がないから」と考え，大休憩に全校かけ足の時間を設け，暑い7月にも子どもをシマウマのように走らせるという気合の入れようでした。また，「子どもにとってよいと思われることは，みんなで一つになって指導しよう」を合言葉に，学級担任が指導に行き詰ることのないよう，担任以外の者も教室に出向き，子どもの指導にあたるようにしてきました。
　しかし，子どもたちに明らかな変化が表れる場面は少なく，私たちの気持ちの中には，「学校全体で一丸となって進めることのできる，もっと有効な取り組みはないものか」という思いがありました。もちろん，その取り組みは，教師ならば誰もが抱いている，次のような願いをかなえてくれるものです。
　○　自分から挨拶ができる子にしたい。
　○　仲間がいるよさや大切さが実感としてわかる子にしたい。
　○　家庭で家族のために働ける子にしたい。
　○　自分の身の回りの自然や人々に感謝できる子にしたい。
　○　自分のよさを感じ，自己肯定感をもてる子にしたい。
　○　自分の考えを表現できる子にしたい。
　○　さまざまな価値や生き方を尊重し，自己成長できる子にしたい。
　そこで，いろいろと検討した結果，環境教育は有効な取り組みになるかもしれないと考え，平成20・21年度の「新しい環境教育の在り方に関する調査研究事業」という文部科学省の研究指定を受けることにしました。しかし，「新しい環境教育」とはESDであると聞いていましたが，ESDという言葉自体になじみがなく，狂牛

1. ESDとの出会い

病のBSEなのか，はたまた，医学用語のESDなのか，？マークが頭の中を飛び交うという状況でした。そこでまず，ESDとは何かについて学ぶため，次のような研修を行うことにしました。

ユネスコのESDのテキスト『持続可能な未来のための学習』[1]では，主要な世界の問題が取り上げられています

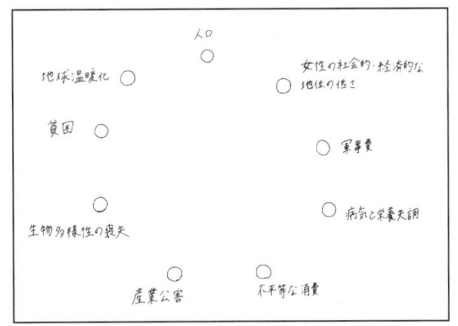

図1　つながりを探る

（図1）。これらの問題について，関係があると思われるものを線で結ぶことによって，問題の相互関係を探求するというものです。そこで私たちも，「気になる問題はどれですか？　それはどれかとつながっていますか？」という問いに従って，つながるものを線で結び，つながる理由を書いていきました（図2）。そして，発表し合い，意見交流をしました。「これとこれ，結構つながっているよねえ」。こうした声があちこちから聞こえてきました。

そして，これらの世界の問題は，これまでどのような教育で扱われてきたのかに

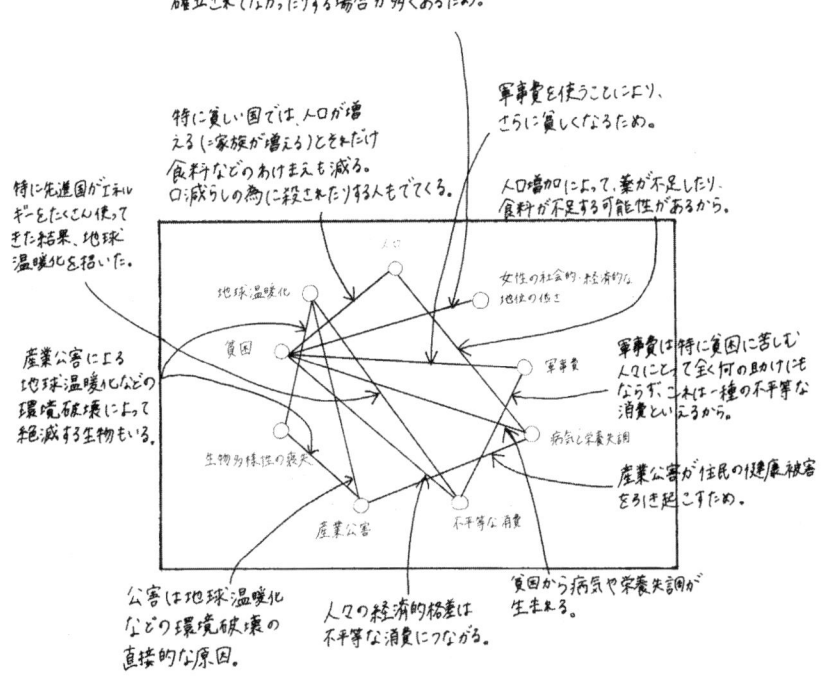

図2　つながりとつながりの理由

ついて考えることにしました。すると，地球温暖化，生物多様性の喪失，産業公害は「環境教育」において，人口，貧困，不平等な消費，病気と栄養失調は「開発教育」において，軍事費は「平和教育」，女性の社会的・経済的な地位の低さは「人権教育」において主に扱われてきたこと，そして，どちらかというと，それぞれ別個の問題として扱われてきたことがわかってきました。

　しかし，結んだ線からわかるように，問題は幾重にもからんでつながっています。したがって，たとえば，貧困の問題を扱うにしても，人口や病気と栄養失調，女性の地位の低さ，軍事費などと関連させて扱うほうが適切です。このようなことから，環境教育，開発教育，人権教育，平和教育などを束ねて，それに一つの方向を与えるような教育の分野が必要であること，そして，この分野としてESDが登場したことがわかりました。

　では，学校では何から取り組めばよいのか。ESDを進めるための話し合いを重ねていきました。

　「環境，国際理解，人権，平和の学習は，これまでいろいろな教科で取り組んできた。しかし，身に付いた力が，子どもの内面ではばらばらで，つながっていなかったのではないか。」

　「ESDは，教科や領域などを越えた『学びのつながり』が重要なのでは？」

　「学校で学んだことを日々の生活につなげることが，ESDをやっていく上での鍵になると思う。」

　こうした反省をする中で，子どもたちに学ばせたいESDの内容を，みんなで選び出すことにしました。授業の年間計画表をもとに，ESDにかかわる教科・領域等の単元を洗い出すという作業です。これが，後で述べるESD関連カレンダーの作成のスタートでした。

2．ESDを通して育つ子ども像

　このように，私たちの研究は，ESDの内容を理解するところから始まったわけ

2. ESDを通して育つ子ども像

ですが、実際に研究を進めるには、ESDのねらいをはっきりさせ、「ESDを通して育つ子ども像」を描くことが必要でした。つまり、ESDは何をめざす教育なのか、ESDで子どもにどのような力を付けさせるのか、ESDを通してどのような姿の子どもを育てるのか。これらをきちんと整理する必要がありました。

そこで、関連の本や資料にあたると、日本ユネスコ国内委員会による『ユネスコ・スクールと持続発展教育（ESD）について』（平成20年発表）[2]に書いてあることがとても参考になりました。当時、本校はユネスコ・スクールに未加盟でしたが（その後、平成23年1月に加盟）、ユネスコ・スクールが進めるESDの目標や基本的な考え方が述べられた本書をよりどころにして、ESDの趣旨を次のように理解しました。

---
① ESDは何をめざす教育なのか？
　ESDは、持続可能な社会を構築するための担い手づくりをめざす教育。
② ESDでは、子どもにどのような力を付けるのか？
　ESDでは、自律心、思考力・判断力・表現力、責任意識を身に付ける。
③ ESDを通して、どのような姿の子どもを育てるのか？
　ESDを通して、自然、社会、人（立場や考え方の違う人と同じ人）との「かかわり」や「つながり」を理解し、それらを尊重しながら、協働で課題解決に取り組むことのできる子どもを育てる。

そして、こうしたESDについての理解と本校の学校教育目標である「確かな学力と豊かな感性を培い、仲間とともにやりぬく子どもの育成」を考え合わせながら、本校の研究主題を次のように設定しました。

研究主題　自律と共生をめざし、確かな学力を身に付ける子どもの育成

これからの時代を生きる子どもたちは、持続可能な社会を創っていかなければなりません。そこで、子どもたちには、自分の生活を振り返り、自分の生き方を律することができ、地球に存在するありとあらゆるものと共存、共生できる人になってほしい。そのためには、判断や行動の基盤となる確かな学力を獲得し、確かな学力を身に付けてほしい。このような思いから、自律、共生、学力をキーワードにして、以上の研究主題を掲げることにしました。

ESDで子どもに付けたい力と「生きる力」

国立教育政策研究所による『学校における持続可能な発展のための教育（ESD）に関する研究　中間報告書』（平成22年9月発表）[3]では、ESDで重視する能力・態度と学校教育で培うべき「生きる力」との関係が示されています。学校でESDに取り組むには、ESDで子どもに

> 付けたい力と生きる力との関係を明確することは不可欠です。そこで、この報告書の発表の後、私たちも両者の関係を整理することにしました。
> 　本校のESDで子どもに付けたい力は、自律心、思考力・判断力・表現力、責任意識です。これに対して、「生きる力」は、確かな学力（思考力・判断力、表現力、課題発見能力・問題解決能力）と豊かな人間性（自律心、協調性、感動する心）です。
> 　そして、これらの関係については、まず、本校でいう自律心とは自分の立てたきまりに従って行動する力であり、これは生きる力のうちの「自律心」にそのまま対応しています。つぎに、思考力・判断力・表現力は、生きる力のうちの「思考力・判断力」「表現力」に対応するのはもちろん、「課題発見能力」「問題解決能力」の基礎として位置付きます。そして、責任意識は問題解決の過程で生じる自分自身の考えや行動に対する責任意識、また、他者と共生するという社会における責任意識を意味しており、後者の意味において、生きる力のうちの「協調性」と関係しています。

3. ESDの3つの領域と子どもに付けたい力

　つぎに、ESDの内容を具体的に検討することにしました。そこで、最初の研修を参考にしながら、ESDの領域を次の3つに区分しました。

① 環境　　② 多文化・国際理解　　③ 人権・平和

　そして、各学年において、これらの領域に対応する単元を総合的な学習の時間、特別活動、道徳、各教科、及び外国語活動の単元の中から選び、各領域で中心となる単元とそれに関連する単元に分類しました（表1～3の左半分）。その結果、中心となる単元は、1、2年では主に生活科、3～6年では主に総合的な学習の時間の単元であり、これらの単元に教科や道徳、特別活動、外国語活動の単元が関連することがわかりました。こうして、ESDの各領域を構成する主単元と副単元を整理できました。

　また、本校のESDで子どもに付けたい力は、自律心、思考力・判断力・表現力、責任意識です。そこで、主単元と副単元の内容において、子どもにどのような自律心を付けたいのか、あるいは、思考力・判断力・表現力、責任意識は具体的にはどのような力を指すのかをはっきりさせるために、子どもに付けたい力をそれぞれの学年で整理しました（表1～3の右半分）。

　こうして、ESDで付けたい力（目標）とESDの領域（内容）の関係が明確になり、授業づくりの土台になるものができてきました。

3. ESD の3つの領域と子どもに付けたい力

表1 ESD の領域「環境」の単元と子どもに付けたい力

環境
（中心テーマにおいてつけたい力の具体）

国語　社会　理科　道徳　音楽　総合　生活　学活

学年	中心テーマ・単元	関連テーマ	つけたい力		
			自律心	思考力・判断力・表現力	責任意識
1年生	どんなはなを そだてようかな	あきがいっぱい　ぼくのあさがお　ふゆをたのしく　あつまれふゆのことば　いろいろなくちばし　はるなつあきふゆ　しゅうかくさいしよう	学級や学年で決めた約束・ルールを守る力	生き物や植物の成長のすばらしさを知り、自分の成長を見つめ、表現する力	植えた植物の世話をし、責任をもつ力
2年生	とび出せまちへ　春のまち　とび出せまちへ　夏～秋のまち　とび出せまちへ　冬のまち	ふきのとう　サンゴの海の生き物たち　おいてけられた2匹のカエル　ぼくが大きくなったらね	地域で働いておられる人々の喜びや苦労を知り、家庭・学校での約束やルールを守る力	町たんけんで学んだことを、自分の生活と結び付けて発表したり、表現したりする力	働くことのよさを感じて、みんなのために働く力
3年生	水辺の生き物を育てよう	宿泊学習へ行こう　植物を育てよう　こんちゅうの体をしらべよう　チョウを育てよう　シクラメンのささやき　ケヤキのやさしさ	自分たちの生活の中にあるよい約束やルールを自主的に作り、守る力	生き物と人とのつながりを考え、自分とどのようにつながっているかを考え、表現する力	自分でやろうと決めたことは、粘り強くやり遂げる力
4年生	わたしたちのくらしと芦田川　水・ゴミ・リサイクル	ゴミの処理と活用　体験学習へ行こう　命とくらしを支える水　おもちゃもリサイクル　あたたかくなると　寒くなると　あつくなると　すずしくなると　おじいちゃんがおしえてくれたこと	体験活動を通して、自分を見つめ直し、生活を改善しようとする力	自分たちの生活が自然にどのような影響を与えているかを知り、共生・共有していることを知り、考え表現する力	自分の発言や行動と身の回りの生活とのつながりを考え行動しようとする力
5年生	今　地球が危ない	植物の発芽と成長　国土の環境を守る　人と「物」とのつきあいかた　サクラソウとトラマルハナバチ　米づくりのさかんな地域　一ふみ十年	持続可能な社会（地球）をめざし、そこに生きる一人としての役割を自覚する力	自分たちの生活が、自然や世界の人々とのようにつながっているかを理解し考える力	人と環境とのかかわりについて考え、主体的に行動する力
6年生	生き物のくらしと環境　人と環境	森へ　大地のつくりと変化　動物の体のはたらき　地球と生き物のくらし	人が自然の一部であり、さまざまな生き物やあらゆるものと共存・依存していることを理解し、自分が未来を構築する一人であることを自覚できる力	自分が未来を構築する一人であることを自覚できる力	現代の人々の生活や生き方から自分が望む未来を描き主体的に行動する力

表2 ESD の領域「多文化・国際理解」の単元と子どもに付けたい力

多文化・国際理解
（中心テーマにおいてつけたい力の具体）

国語　社会　理科　道徳　音楽　総合　生活　図工　学活　教科外

学年	中心テーマ・単元	関連テーマ	つけたい力		
			自律心	思考力・判断力・表現力	責任意識
1年生	あいさつ	みてみておはなし　ひのまる　みんなでたのしく　ハロウィン　クリスマス	自分からあいさつできる力	自分の気持ちや考えを自分なりの言葉で表現する力	よいこと悪いことの区別をし、よいことをすすんで実践する力
2年生	スーホの白い馬	見て、見ておはなし　ハロウィン　クリスマス　うたでともだちのわをひろげよう	身近な生活の場にあったあいさつができる力	町たんけんで学んだことを、自分の生活と結び付けて発表したり、表現したりする力	わがままをしないで、よいと思うことは、進んで実践する力
3年生	三年とうげ	ふし山　ローマ字　ぼくのおべんとう　世界の「こんにちは」と文字	いろいろな場に合ったあいさつができる力	自分以外にもさまざまな考えや価値観があることを知り、自分の考えを判断・表現する力	自分でできることは自分でやり、節度ある生活実践する力
4年生	1/2 成人式をしよう	ハロウィンパーティーをしよう　伝え合うということ　いつかにじをかける　うめのき村の四人兄弟　四年三組から発信します　ふろしき	10歳を自覚し、自分を見つめ直そうとする力	世界の10歳の子どもたちの生活と自分の生活を比較して考えたり、判断したりして表現する力	1/2 成人式を迎え、自分の生活や行動を客観的に見つめ、成長させていこうとする力
5年生	世界を知ろう～アジアの仲間たち～	アジアの国々の音楽　もう1人のお友達　親から子へ、そして孫へ　外国語活動　日本の音楽を味わおう・琴	日本に生きる一人としてアジアの文化を理解し、その文化のよさを見つけようとする力	日本を含めたアジアの文化の特徴を知り、自然や社会とのかかわりを考える力	自分たちの生活が自然や世界の人々とのようにつながっているか、どのような影響を与えているかを理解し、自分の生活や行動について考え実践する力
6年生	室町文化発表会	古墳見学　室町文化体験　白神山地　古墳を調べる　短歌・俳句の世界　江戸しぐさ　室町文化が生まれる	多様な価値観を認め、尊重する力	地域にある歴史的に培われた文化を知り、自然や社会とのかかわりを考え、自分の生き方を振り返る力	日本の文化に対して誇りをもち、自らの生活と向き合い、考え実践する力

子どもたちに付けたい力がはっきりしたね。
どんな学習になるのかな？

第1章 ESDを始める

表3 ESDの領域「人権・平和」の単元と子どもに付けたい力

学年	中心テーマ・単元	関連テーマ	つけたい力		
			自律心	思考力・判断力・表現力	責任意識
1年生	はるがやってくる（いろいろなことがあったな）／みんなだいすき	がっこうってたのしいな／ようこそあたらしい1年生／ともだちっていいな／ずっとずっと大すきだよ／もうすぐ2年生／6年生ありがとう	友だちのよさを見つける力	自分の気持ちや考えを表現する力	任された仕事をやりきる力
2年生	おもいでがいっぱい／おもいで発表会	あったらいいなこんなもの／読書をしよう／だっておにいちゃんだもん／たんじょう日	友だちのよさを見つけ、自分を高めようとする力	町たんけんで学んだことを、自分の生活と結び付けて発表したり、表現したりする力	自分がやらなければならない勉強・仕事をやりきる力
3年生	心のバリアフリーをめざして／人にやさしいくふうをみつけよう	平和について考えよう／耳の聞こえないお母さんへ／ヌチヌグスージ／ことぶき園に行ったよ	相手の人格や考え方を尊重し、自分の生き方を振り返る力	相手の立場に立って考えたり、判断したりする力	自分の生活を振り返り、自分を見つめ直す力
4年生	平和学習／宿泊体験学習発表にむけて	とべないホタル／社会見学に向けて／わたしの見つけた小さな幸せ／一つの花／ぼくらだってオーケストラ／バラの花に願いをこめて	相手の人格や考え方を尊重し、対等な立場で学び合う力	体験活動を通して、自分を見つめ直し、仲間と共に考える力	社会生活に必要な技能を身につけ実践する力
5年生	自分の夢に向かって	いつも全力で／スキー合宿へ行こう／生命のたんじょう／自分の夢に向かって／本は友達／ベートーベン／千年の釘にいどむ／お願いの手紙・お礼の手紙・敬語	自己肯定感をもち、目標に向かって自分を高めようとする力	自己課題を発表し、具体的な解決方法や考えを生みだし、表現する力	自分たちが当事者意識をもち、身近な地域や社会の問題解決に取り組み実践する力
6年生	伝える／平和のとりでを築く	車椅子での経験から／東京大空襲の中で／白旗の少女／平和学習について／みんなで生きる町／アジア・太平洋に広がる戦争／わたしたちのくらしと憲法／お母さんへの手紙／義足の駅伝ランナー／新しい日本への歩み	相手の人格や考え方を尊重し、共感する感情をもつ力	課題解決に向けて、具体的な方法を見つけ、論理的に自分の考えを整理し、表現する力	学んだことをもとにして、自分の意見をまとめ、これからの自分の行動を考え実践する力

4. ESD関連カレンダー

つぎに、ESDの各領域を構成する単元を学習順に並べ、単元同士のつながりを考えながら、1年間のESDの内容を編成しました。これは、東京都江東区立東雲小学校が発案された取り組みで、「ESDカレンダー」と呼ばれています[4]。

私たちは、東雲小学校のアイデアを参考にしながら、さらに単元同士のつながりを強く意識したカレンダーを作ることにしました。というのは、教師にとっては、「なぜ、この単元とその単元がつながっているのか」を深く考えることが、広がりのあるESDの授業を展開できるからです。そこで、従来のESDカレンダーに新たに単元同士の「つながりの理由」を加筆し、これらをもって「ESD関連カレンダー」と呼ぶことにしました（付録に1～6年生のESD関連カレンダーを載せています）。

大きな模造紙を広げ、その上に単元名のカードを並べて、動かして…。作業を進める中で、見通しが立ってきました。みんなの知恵を出し合うことで、単元や教材、学習の「つながり」が見えてきました。

ESD 関連カレンダーを作ってみよう

　学校でESDを実践する場合，ESD関連カレンダーの作成をお薦めします。「今，学習していることは，他の教科等のどの学習とつながっているか」が一目でわかる，便利な一覧表になるからです。
　本校では，ESD関連カレンダーを完成するまでに，紆余曲折，さまざまな方法を試みてきました。ここでは，最も円滑に進む方法を紹介したいと思います。

1．授業の年間計画表を活用し，学校で設定したESDの領域に対応する単元を選びます。単元名をカード（教科等で色を変える）に印刷しておくと，後の作業が進めやすいです。

2．ESDの領域ごとに模造紙を準備します。1年から6年までの学期を縦軸，自然にかかわる単元と社会にかかわる単元を横軸とする枠を作ります。選び出した単元の内容を思い浮かべ，単元名のカードを枠内に置いていきます（表4，ESDの領域「環境」の例）。そして，単元同士のつながりを考えながら，カードを置き換えます。確定したら，カードを糊付けし，つながりのあるカード同士を結びます。ESDの領域に対応する単元の全体のつながりが見えてきます。

3．学年ごとに模造紙を1枚準備します。総合的な学習の時間，特別活動，道徳，各教科を縦軸，4月から3月までを横軸にした枠を作ります。2．の作業に基づいて，ESDのある領域（たとえば環境）に対応する単元（単元名のカード）を枠内に置き，カード同士を線で結びます。ESDの他の領域についても，同様の作業を行います。

4．カード同士を結んだ線の脇に，①〜◯の番号を付けます（表5）。そして，別の紙を準備し，①〜◯について，カード同士をつないだ理由を簡潔明瞭に書きます。これが「つながりの理由」になります（表6）。この作業を終えると，ESDのすべての領域に対応する単元を網羅した，学年の「ESD関連カレンダー」が完成します。

5．自分の学年のESD関連カレンダーと他の学年のそれとを比較し，自分の学年における単元のつながりが適当かどうかを見直すと，よりよいカレンダーになります。

表4　ESDの領域「環境」に対応する単元

第1章 ESDを始める

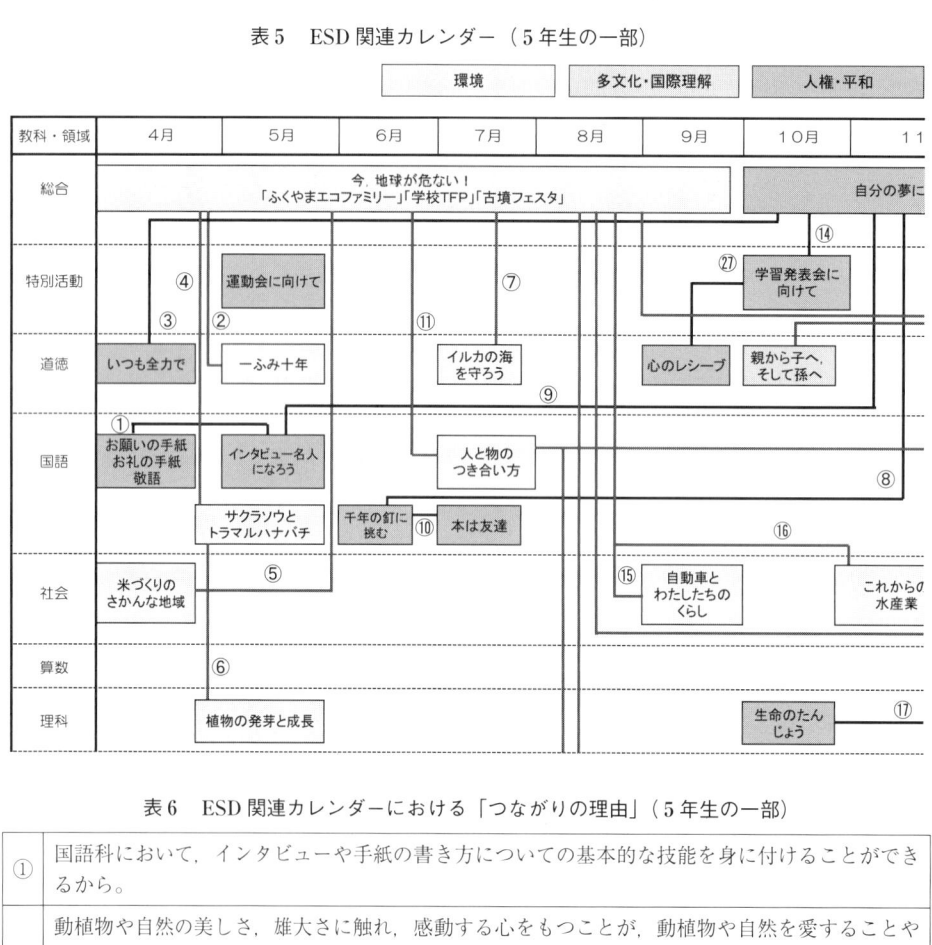

表5 ESD関連カレンダー（5年生の一部）

表6 ESD関連カレンダーにおける「つながりの理由」（5年生の一部）

①	国語科において，インタビューや手紙の書き方についての基本的な技能を身に付けることができるから。
②	動植物や自然の美しさ，雄大さに触れ，感動する心をもつことが，動植物や自然を愛することや自然を保護することにつながる。わずかマッチ棒の太さしかないチングルマにも10年間に及ぶ成長があり，その生命力の尊さを感じ取ることができるから。
③	自分の夢を実現するためには，絶えず自分自身と向き合いながら，さまざまな不安や誘惑に打ち勝ち，自分ができることに全力を尽くす必要がある。イチロー選手の記録に挑む姿から，希望や勇気を決して失わずに，いつも全力で物事に取り組んでいこうとする強い気持ちを感じ取らせる。自分もそうありたいと願い，夢や理想に向かって着実に前進していこうとする気持ちを育てることができるから。

5. ESDカリキュラムの3次元モデル

　ESD関連カレンダーの作成では，ESDの領域に対応する単元を互いのつながりを考えながら配列しました。この作業は，教育課程（カリキュラム）の内容を編成するという作業にあたります。私たちは既存の教科等を中心としたカリキュラムにもとづいて，新たにESDのカリキュラムを編成したわけです。

　そうすると，本校には，教科等を中心としたカリキュラムとESDのカリキュラムが共存することになります。そして，カリキュラムには，元来，その編成の基盤や原理があるので，前者を「学問」を基盤としたカリキュラムと捉えるなら（もちろん，総合的な学習の時間や道徳，生活科などはこれに当てはまりません），後者は「社会」，より正確に言えば，「持続可能な社会」を基盤としたカリキュラムと捉えることができます。つまり，本校には基盤の異なる2つのカリキュラムが共存するということになります。

　2つのカリキュラムを合わせてうまく表す方法はないものか。いろいろと検討した結果，図3のような3次元のモデルにたどり着きました。このモデルは，次のことを示しています。

　まず，大きな箱が小学校の教育内容の全体であり，その箱の中の小さな箱が個々の教育内容です。そして，小さな箱は，右の側面に総合的な学習の時間，特別活動，道徳，各教科，外国語活動ごとの色付けがなされています。一方，正面にはESDの3つの領域（環境，多文化・国際理解，人権・平和）ごとの色付けがなされています。つまり，個々の教育内容は，既存の教科等から組織されたカリキュラムの側面と，ESDの領域から組織されたカリキュラムの側面の両面から捉えることができるというわけです。

　そして，個々の教育内容は，つながりの線で結ばれています。この線が，教科等を越えた，あるいは学年を越えた教育内容のつながりを示しています。

　この3次元のモデルは，教科・領域等の座標と学年の座標に加え，新たにESDの領域の座標を設けて，小学校カリキュラムの内容構成を示しています。そして，このモデルは，2次元で表されているESD関連カレンダーを3次元に変換し，個々の教育内容の「つながり」を直感的に捉えようしたものです。

　私たちは，このモデルをイメージすることで，「今，子どもが学習している内容

第1章 ESDを始める

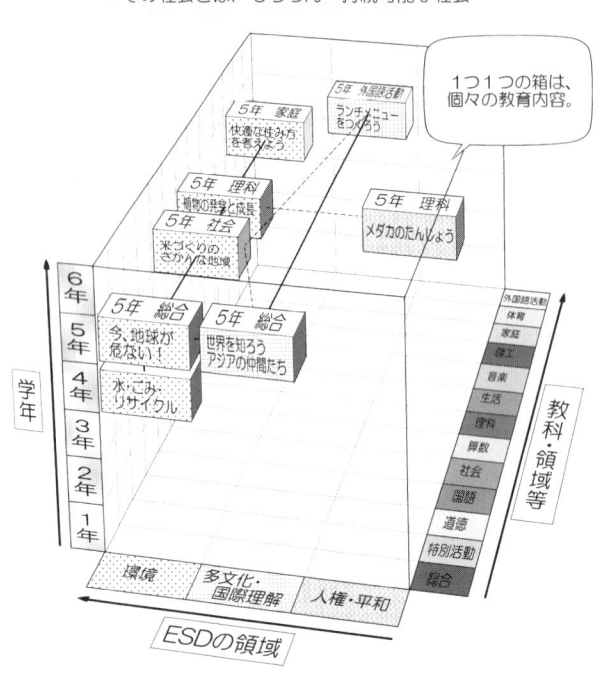

"社会"を基盤に教育課程をつくる。
その社会とは、もちろん"持続可能な社会"

図3 ESDカリキュラムの3次元モデル

は，別の教科・領域等の内容と，別のESDの領域の内容と，あるいは学年を越えた内容とつながっている」という意識をもつことができます。「個々の学習が子どもたちの内面でつながるようにしなければならない」ということを，つねに思い出すことができるのです。

6. ESDの授業づくりの視点

　本校では，ESDのキーワードである「つながり」に注目し，次の3つの「つながり」を大切にした授業づくりを進めています。これは，本校におけるESDの授業づくりの視点にあたります。

① 自分と学びとのつながり

　ESDで学習することが自分自身の生活や社会と関連しているということに気付かせる。また，今，ESDで学習していることが，将来の自分の生き方や生活につながるということに目を向けさせる。これらのために，できる限り直接体験を授業

6. ESDの授業づくりの視点

Education for Sustainable Development
自律と共生をめざし、確かな学力を身に付ける子どもの育成

図4　ESDの授業づくりの視点

に取り入れたり，また，学ぶべき課題であるという自覚を子どもがもてるような単元の導入や授業の導入を工夫したりする。

② 内容のつながり

　教師は，ESD関連カレンダーをつねに念頭に置き，教科・領域等を越えた単元同士のつながりや，ESDの領域を越えた単元同士のつながりを意識した授業づくりを進める。これらのつながりが，子どもの獲得する知識のつながりや能力のつながりに反映するようにする。

③ 自分と他者とのつながり

　学校，家庭，地域で共に生きる人たちに気付き，自分と学校とのつながり，自分と家庭とのつながり，自分と地域とのつながりを大切にする。授業では，ペア学習やグループ学習を取り入れ，たとえば付せんに自分の考えを書いて発表し，考えを

他の人と共有する。また，家庭や地域の人に自分から働きかけ，協働で課題を解決できるような活動を進める。

＊　　　＊　　　＊

　私たちのESDの研究は，その出会いから3年余りを経て，研究の枠組みが整ってきました。子どもたちに身に付けたい力の絞り込みに始まって，研究主題の設定，ESD関連カレンダーの作成，ESDカリキュラムのモデル化，ESDの授業づくりの視点の明確化と少しずつ進んできました。これらの枠組みは，もちろん完成されたものではありません。日々の授業づくりを通して絶えず検証され，修正されなければなりません。そうすることで，私たちのESDの理論は意味のある内容を形づくることとなるでしょう。そしてESDの理論は，今後のESDの授業づくりを支え，方向付けてくれるに違いありません。

引用・参考文献
1) ユネスコ監修（阿部治・野田研一・鳥飼玖美子監訳）『持続可能な未来のための学習』立教大学出版会, pp.9-10, 2005年.
2) 日本ユネスコ国内委員会『ユネスコ・スクールと持続発展教育（ESD）について』pp.1-2, 2008年.
3) 国立教育政策研究所『学校における持続可能な発展のための教育（ESD）に関する研究 中間報告書』pp.11-13, 2010年.
4) 多田孝志・手島利夫・石田好広『未来をつくる教育ESDのすすめ』日本標準, pp.34-38, 2008年.

> 　ESDは，今まで進めてきた〇〇教育を束ねた，大事な教育なんだね。僕は，「生き物すべてが幸せに暮らせる地球にしてほしい」と願っているんだけど，ESDを知って，とってもうれしいなあ。
> 　駅西小の子どもたちは，どんなふうに変わっていくのかなあ。子どもたちのために…。先生，がんばってるね！

第 2 章
ESD を広げる

1. めざせ！ 仕事名人
～1年 生活科／ESD 人権・平和

（1）生活科と ESD の関連

1年生の子どもたちは、小学校という新しい環境すべてに興味をもち、さまざまなことに取り組んでいます。友だちとのかかわりの中で、自分一人でできることが増えたり、一人でできないことは友だちと協力するとできたりすることにも気付き始めています。

生活科の単元「みんなだいすき」では、子どもにとって最も身近な「家族」に目を向け、家族との絆を見つめる課題を設定しました。家族と自分とのつながり、家族での自分の役割に気付き、家族の一員として自分のできることを進んで行うことが単元のねらいです。そこで、家族の紹介をする活動から始めました。家族を「○○名人」と紹介することで、家族への愛着を深めながら、「私も○○名人になりたい」という気持ちをもつことができるようにしました。そして、「お仕事チャレンジウィーク」を設けて家庭の仕事を体験し、仕事をする楽しさや大変さを感じることにしました。

少子化が進み、家庭では大人に囲まれて生活し、何でもしてもらっている子が少なくありません。その一方では、親がとても忙しく、家庭生活を十分に送れていない子もいます。子どもたちには、家庭の仕事を受け持つことで、やりがいや責任を感じてほしいと思います。また、やりとげることによって、達成感を得てほしいと思います。そして、家族の温かさやありがたさを感じながら、家族に支えられるだけでなく自分も家族を支えていることに気付き、家族の一員としての自覚を高めてほしいと思います。

● ESD で付けたい力

自律心	思考力・判断力・表現力	責任意識
自分の役割を進んで行う。	気付いたことを表現したり、話し合いの中で考えを深めたりする。	自分のできることを考え、みんなのために働こうとする。

1. めざせ！仕事名人

生活科の単元としての目標は，子どもが家庭生活を支えてくれる家族の人に関心をもち，自分と結び付けて考える中で，家族の役割に気付くことができるようにすることです。また，家族の一員として，自分でできることを進んで行うことができるようにすることです。

これらをESDの視点から見ると，子どもが単元を通して学んだことを日々の生活に生かすことで，自分の周りの環境に主体的にかかわることができるようになると考えます。また，家族という基本的な社会を見つめ，愛着と責任をもってかかわりを深めることは，多様な人々と共に生きようとする協調性をはぐくむことにつながると考えます。

家庭で楽しくお手伝いをすることにとどまらず，もっと積極的に家族とかかわってほしい。一時的な活動に終わるのではなく自分から継続して行い，さらに「他にできることはないかな」と自分から考えて行動してほしい。このような思いから，単元の活動を「お手伝い」ではなく「仕事」としました。また，単元の導入には大好きな家族を紹介する活動を入れ，家族の仕事ぶりや生活の様子をよく観察させました。そして，「うちの家族はすごいな」「おかあさんのようになりたいな」という子どもなりの憧れ，理想の姿を抱いて，次の活動に入れるようにしました。子どもたちは「うちの○○名人にもっと近づこう」と思い，意欲的に家族の仕事にかかわっていきました。

人権・平和

● **ESDの教育内容のつながり**

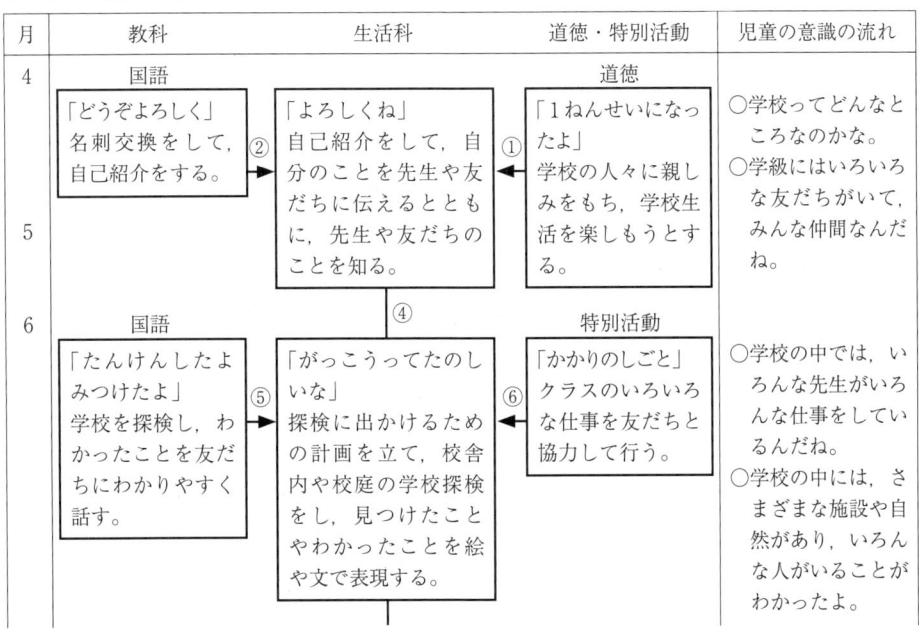

第2章 ESDを広げる

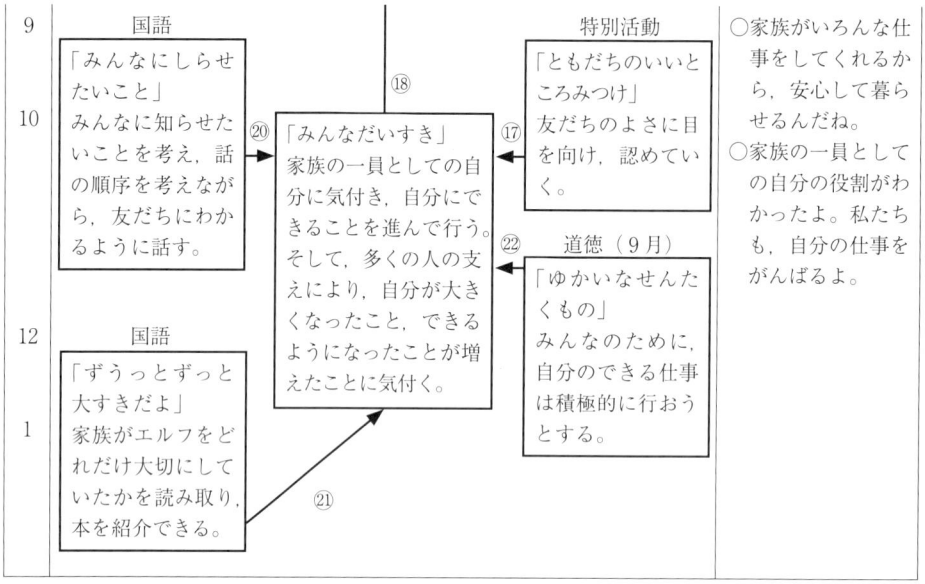

つながりの理由

①	道徳の副読本にある学校での生活の様子と実際に自分が探検した学校の様子を比べながら話すことで、学校の一員であるという自覚を促すことができるから。
②	自分の名前を丁寧に書いた名刺を友だちと交換するという活動を通して、人とかかわることの楽しさや言葉を交わして友だちが増えていくことの喜びを味わい、友だちとのつながりを深めていくことができるから。
④	学校探検をする中で、いろいろな教室や部屋があり、そこでは自分たちのために働いている人たちがたくさんいることに気付いていくことで、自分と周りとの関係を作っていくことができるから。
⑤	学校の人々に親しみを持ち、学校生活を楽しむ気持ちが出てきたところで、もっと知りたいことについて、どのような話し方でどんなことを聞くかをよく考えることで、自分たちでインタビューを行い、調べていくことができるようになるから。
⑥	学校探検をして、学校ではいろいろな人が働いていて自分たちはたくさんの人とかかわって過ごしていることがわかった。みんなが気持ちよく生活するために、学級の中で係を作って協力して働くことの大切さを考えていくことができるから。
⑰	学校の中でもいろいろな人とのかかわりがあり、その人たちの支えにより、毎日楽しく学校生活が送れることに気付く。自分にも人のためにできることがあることを知り、進んでお手伝いができるようになるから。
⑱	人は誰しも長所と短所をもっている。一日の大半を一緒に過ごす友だちとのトラブルはよくあるが、友だちのよさに目を向け認めていくことにより、相手の人格や考え方を尊重することができるから。
⑳	話の順序を考えながら、友だちによくわかるように話すことで、自分のことや自分の身の回りにあることを簡潔に伝えることができるようになるから。
㉑	家族の一員である犬の「エルフ」を「ぼく」がどれほど大切にしていたかを読み取る中で、自分の家族に対する愛着や愛情を深めることができるから。
㉒	自分の仕事がみんなの役に立っているという視点をもちながら、自分の生活を振り返り、自分でできることを積極的に行おうとする意欲を高めることができるから。

（2）こんなことできるよ〜めざせ！ 仕事名人〜

私の家族は○○名人！

　「だいすきなひとを　しょうかいしたいな」という活動は，子どもたちにとって最も身近で小さな社会である家族を知るための活動です。大好きな家族をよく見たり質問して調べたりすることによって，今まで知らなかったことがわかり，自分に向けられた家族の思いに気付きます。そこで，家族のすごいところ，すてきなところを見つけ，それを「○○名人」として紹介することにしました。

　家族を調べる期間は１週間。家族の様子を観察したり，得意なことやその理由を尋ねたりしました。そして，発表することをまとめていきました。発表会では，家族の描いた絵や撮った写真を見せたり，家族が作ったものを持ってきたりして，みんなにわかりやすく伝える工夫をしていました。

| あけみ | 私のおばあちゃんは「編み物名人」です。それは，毛糸でなんでも作るからです。今使っているマフラーも，このあいだ作ってくれました。私の宝物です。 |

　この発表の活動は，国語科の単元と関連します。「みんなにしらせたいこと」の単元では，知らせたいことを決めて相手によくわかるように伝えることがねらいです。「学校にあるもの」や「学校でしたこと」についての作文を書き，家族に知らせました。知らせたいことを簡潔に書くこと，書いたことをはっきりと話して伝えることができました。単元で学んだ書き方を使って，「わがやの○○めいじん　はっぴょうかい」の作文を書き，絵や写真にはコメントをつけました。

誰のために家の仕事をしているの？

　発表の後，家族はどんな名人なのかを模造紙にまとめました。そして「おうちの人が○○名人なのは，誰のため？」と発問し，おかあさんがお料理名人なのを例にして考えることにしました。

| はなこ | 私たちのため。おいしいご飯を毎日作って，私たちが大きくなるように助けてくれています。 |
| いちろう | 僕らのためだけじゃなくて，お父さんや弟や家にいる人みんな。だって，一緒にごはん食べているから。 |

松岡	そうか。お母さんはみんなのために働いていたんだね。 （この時，模造紙の「おかあさん」から家族みんなに矢印を引いた。それを見て，他の家族からも矢印が引けるはずだ，という声が上がった。）
いちろう	お父さんがいろいろなものを直してくれると，お母さんやお家の人がみんな助かっています。僕のイスも直してくれました。
けんじ	僕のおじいちゃんも「直し名人」です。傘が壊れたときに，直して使えるようにしてくれました。
みちこ	お姉ちゃんは「お料理名人」です。お母さんの代わりにご飯を作ってくれます。
松岡	それじゃあ，空いた時間にお母さんは何をしているのかな？
みちこ	妹の世話をしたり，お仕事の調べ物をしたり。
いちろう	誰かが手伝いをしたら，お母さんは他の仕事ができるようになる…。
松岡	みんながお母さんを手伝ったら，お母さんは空いた時間で，次の仕事や他のこともできるようになるんだね。それらもみんなのためにしているんだね。

そして，子どもたちの発表を振り返りながら，家族の図の中に矢印を書き込んでいきました。家族のどの人からも自分に向かって矢印が伸びているのを見て，お家の人が名人になるほど仕事が上手なのは，「自分のためにがんばってくれているから」ということに気付きました。また，「おとうさん」と「おかあさん」の間は双方向の矢印

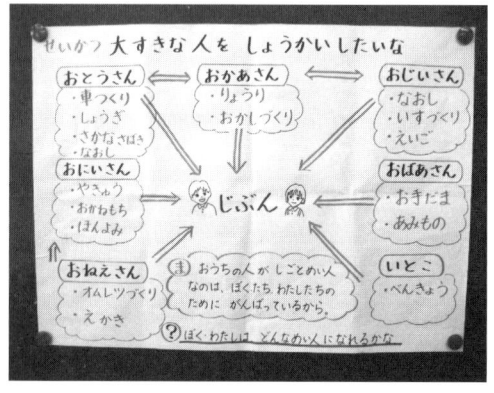

自分はしてもらってばっかりだなあ…

なのに，「じぶん」には一方向の矢印しかないことに気付き，自分は家族みんなに助けられていることもわかりました。すると，「自分も家族に対してできることがあるはず」という気持ちが起こってきました。そこで，自分にできる仕事を探し，みんなで仕事名人をめざすことになりました。

家の中は仕事がいっぱい

　自分にできる仕事を見つけるために，家の中の仕事を挙げてみました。料理，洗濯，掃除。その中で自分ができそうなものはどれかを考えていきました。

食事	料理をする（切る，炒める・焼く，盛り付ける），並べる（拭く），食器洗い
洗濯	洗う，干す，たたむ（アイロンがけ）
掃除	部屋掃除（掃く，拭く，掃除機をかける，整理），風呂掃除，玄関掃除，外掃除（落ち葉集め，草取り）

　子どもたちは夏休みの間，お手伝いを1つしてきました。今回は経験の幅を広げ

1. めざせ！仕事名人

るために，前とは違うお手伝いを「仕事」として取り組むことにしました。
　期間は1週間。チャレンジウィークと呼ぶことにしました。自分にできそうな仕事を決め，同じ仕事をする人でグループになりました。「同じ仕事をがんばっている仲間がいる」ということで，子どもたちのやる気が高まってきました。

家族の気持ちを聞いてみよう
　自分が仕事をすると，家族はどう感じるのか？　家族に尋ねてみることにしました。
　「仕事をして，お家の人を喜ばせたい」という気持ちが初めからあった子は，家族の思いや願いを知って，いっそうやる気になっていました。一方，そうではなかった子も，家族の思いを知ることで，「お家の人を助けたい」という気持ちがわいてきました。

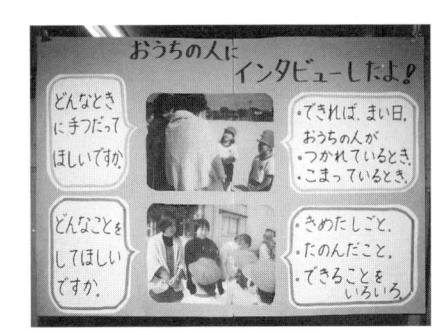

人権・平和

> いつお手伝いをしてほしいですか？
> ・忙しくて疲れているときがうれしいよ。ちょっとしたことでも，毎日してくれるとうれしい。
> ・病気や怪我などで困っているときにしてほしい。病気の時のお風呂掃除などはつらいんよ。
> ・いつでも気付いたときにしてくれるといいね。
> どんなことをしてほしいですか？
> ・決めた仕事をしっかりやってくださいね。
> ・買い物の時に荷物を持つなど，頼んだことをすぐにしてくれたらうれしい。
> ・まずは1つのことから，丁寧にしてね。できるようになったら，お手伝いの数を増やしてね。

チャレンジウィークの計画を立てよう
　チャレンジウィークの1週間前から，仕事のやり方をグループで話し合いました。お手伝いの経験を思い出しながら，仕事の内容や手順を自分たちで考えていきました。そして，一人一人のチャレンジカードを作りました。仕事が毎日できたかどうかをチェックし，「おしごと　にっき」を記し，最後に1週間の感想を書き込むことにしました。

仕事のコツを発見！
　チャレンジウィークは11月17日から23日までの1週間。終わった後，仕事を

してみて気付いた「コツ」（仕事がうまくいくやり方）を，グループごとにまとめていきました。

- 洗濯物は，しわを伸ばして，端をそろえてたたむ。
- お風呂掃除は，高いところ（壁）から低いところ（床）へ。
- 部屋掃除は，床や畳の目に沿って掃く，拭く。
- 玄関掃除は，隅を丁寧に掃く。靴揃えは最後にする。
- 食器洗いは，すすぎを丁寧に。コップは指を入れて，箸は1本ずつ洗う。

つぎに，コツをどのように発表するかを考えました。聞いた人が「やってみよう」「これならうまくいく」と思うような伝え方の工夫です。

実際に服をたたんだり，お皿をスポンジで洗うしぐさをしたりすると，他の人にコツがよく伝わるはず。子どもたちはそう考え，家にある物を持ち寄ったり，学校にある物を利用したりすることにしました。

話すときは，算数で用いている「つなぎ言葉」（まず，つぎに，そのつぎに，さいごに）が伝わりやすいことに気付きました。仕事の手順をワークシートにまとめ，発表原稿を作りました。

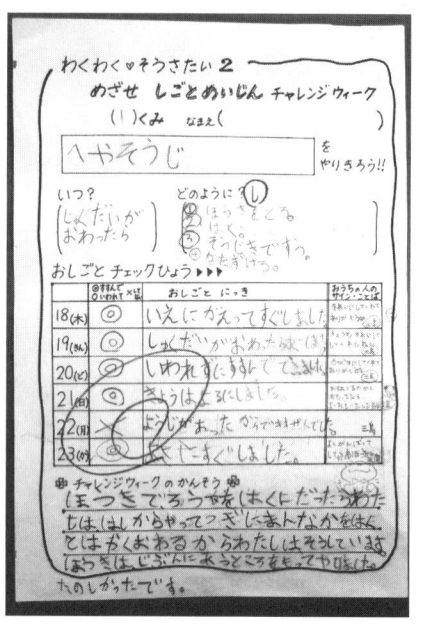

お仕事日記

うまく伝えられるかな？

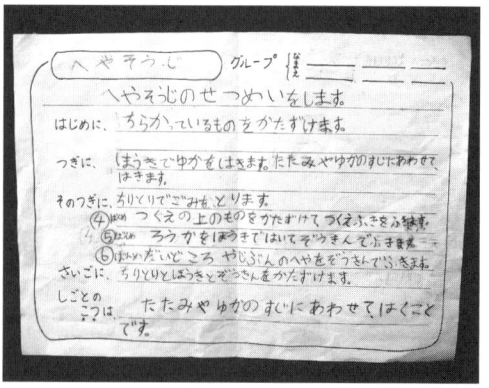

部屋掃除グループの発表原稿

仕事のコツの発表会

仕事のコツの発表会は校内の研究授業でした。発表会を通して，2つのことを学んでほしいと思いました。1つは，自分の仕事をやりきることで，自分は家族の中で活躍できる存在であることに気付き，そのことに喜びを感じること。もう1つは，自分は家族に支えられ

るだけでなく，自分も家族を支えていることに気付き，家族に積極的に働きかけようとする意欲をもつことです。

> **他教科などとの関連**
>
> 　道徳の「ゆかいなせんたくもの」の単元では，みんなのために自分ができることは何かを考え，積極的に行おうとする心情を養うことが目標です。仕事名人をめざして，積極的に仕事を進めようという気持ちがわいてきたことは，目標の達成にかかわります。
> 　国語科の「ずうっとずっと大すきだよ」の単元では，犬の「エルフ」を家族と思い，大切にしている「ぼく」の心情に共感をもって寄り添い，家族に対する自分自身の愛情に目を向けることが目標です。子どもたちは家族の仕事を分担し，家族も同じ思いをもっていることに気付くことで，家族を愛しいと思う気持ちが強くなったようです。「お家の人にありがとうの手紙が書きたい」という子もいました。こうした成果は国語科でめざしたことに合致します。

人権・平和

本時のめあて

　それでは発表会を振り返りたいと思います。授業の目標は，「仕事の体験や家の人の感想を通して，家族の一員としての自分の役割について考えることができる」です。まず，仕事をしてみて「仕事名人」になったといえるか，尋ねてみました。

松岡	みんなは，もう，仕事名人になったっていえるかな？
いちろう	1つだけなら仕事名人。自分でやったのは上手にできます。でも，全部の仕事じゃない。
けいた	全部じゃないから，仕事名人じゃないと思います。
松岡	じゃあ，仕事名人になるには，どうすればいいかな？
まな	もっと仕事を続ける。
はなこ	もっとたくさんする。
かな	毎日しないといけないと思います。

　子どもたちの発言をもとにして，仕事名人さんのイメージをキーワードにまとめました。「なんでも」「すすんで」「まい日」です。これらのキーワードから，自分の仕事ぶりを振り返りました。子どもたちは，「今のままでは何か足りない」という気持ちになっていたようです。そこで本時では，グループの仕事体験の発表を聞きながら，「しごとめいじんになるためのひみつを見つけよう」と呼びかけました。これが本時のめあてになります。

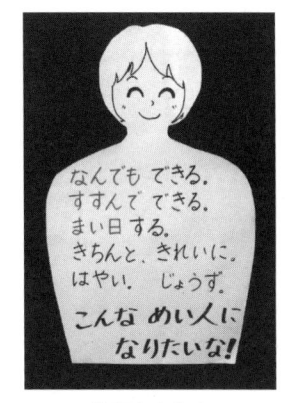

仕事名人さん

仕事体験の発表

　発表を聞く前に感想カード（付せん）の書き方を教えました。わかったこと，発見したこと，感心したこと，いいなと思ったことを書きます。これらは発表を聞く視点でもあります。

　そして発表です。子どもたちは，相手によくわかる話し方になるように気を付けながら，仕事のコツを伝えていきました。話す人と実演する人に分かれ，役割を分担していました。玄関掃除，食器洗い，部屋掃除，風呂掃除のグループの順に発表し，最後は洗濯たたみグループの発表になりました。

たくや	これから，洗濯たたみグループの発表をします。
さとし	はじめに，タオルのたたみ方の説明をします。まず，端と端を合わせて半分に折ります。次に，もう一度，端と端を合わせて折ります。これでも長いときは，もう一度折ります。これで，でき上がりです。
みき	次に，服のたたみ方の説明をします。服は，まず，ボタンを合わせます。次に，しわがあるのでしわを伸ばします。その次に，袖を中に折ってたたみ，最後に，おなかのところで半分に折ってたたみます。
まさお	最後に，ズボンのたたみ方を説明します。まず，端と端を合わせ，足の部分を重ねて半分に折ります。これでは長いので，もう一度半分に折ります。
ゆうこ	たたみ方のコツは，「しわを伸ばすこと」です。もう1つは，「端と端を合わせること」です。これで，発表を終わります。

　発表を聞いた後，感想カード（付せん）を記入しました。カードは後で黒板に張り付けるので，よく見えるように名前ペンで書きました。

感想カードの発表

　子どもたちは感想カードに書いたことを発表しました。私はそれらのカードを黒板の色画用紙に張り付け，内容ごとに分けていきました。

　洗濯たたみのコツとして，「しわを伸ばす」「端と端を合わせる」ことをつかんでいました。そのよさを本当にわかっているかを確かめるため，「端と端を合わせると何がいいの？」と尋ねると，「きれいにたためるから」という意見が出ました。そこで，みんなで実際にハンカチをたたんで，このことを確かめてみました。子ど

もたちは、きれいにたためたことに、とても満足していました。

なかには、「なぜ、しわを伸ばすといいの？」という疑問をもつ子もいました。みんなに問いかけると、「きれいにたためると、たくさん積める」「タンスにしまいやすい」といった意見が出ました。洗濯をたたむ時のことだけでなく、「服を着る時に着やすい」「しわがないと服を着ていて気持ちがいい」など、その後の効果にも目を向けた発言が出て、気付きの質の高まりを感じました。

そして、「きちんと仕事をすると、気持ちがいい。このコツを使ってみよう！」という意識をみんなで共有することができました。

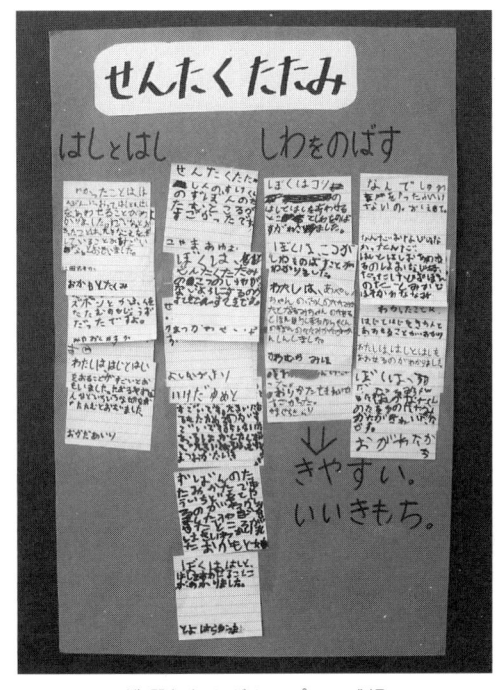

洗濯たたみグループへの感想

人権・平和

家族の思いを知る

事前に、お家の人から子ども宛に、チャレンジウィークの仕事ぶりについての手紙を書いてもらっていました。子どもに気付かれないように、手紙の封筒を閉じてやりとりをしていました。以前、子どもたちが聞いていた「お家の人の願い」が自分の活動とどのようにつながったのか、お家の人の「思い」を受けとめてほしい。そのため、この手紙をサプライズの形で提示し、子どもたちの心を揺さぶりたいと思いました。

松岡	みんなが仕事した後、お家の人はなんて言ってた？
たろう	「ありがとう」って言ってました。うれしかったです。
松岡	お家の人は、みんなの仕事の様子を見て、どう思ったんだろうね。知りたいね。あれ？こっちから、お家の人の声がするよ。しーっ。ほら、聞こえない？ （教卓の陰から手紙の束を出す。その中から１つを選び、読み上げる。）
松岡	「けんじ君へ。食器洗いをしてくれてありがとう。最初は心配していたけど、そんな心配は必要なかったね。これからも少しずつしていってほしいです。」 けんじ君、お家の人の手紙を聞いて、今、どんな気持ち？
けんじ	とてもいい気持ち。もっとやれそう。

しょっきあらいの おてつだいをしてくれて ありがとう。「おてつだいで、しょっきあらいをするよ!」と「おてつだいで、だいじょうぶ？できるのかな…」ときいたときは、ちょっぴりしんぱいでした。でもそんなしんぱいはひつようなかったね。うでまくりをして一つ一つていねいにあらってくれてうれしかったよ。これからも、まいにちでなくてもいいから「ぼくやるよ」といってくれたらうれしいな。じぶんにできることをふやしていこうね。さいごにもういちどありがとう!!
おかあさんより

自分は仕事名人っていえるかな？

「もっとやってみよう」という思いが高まったところで、今の自分の仕事ぶりを振り返ることにしました。子どもたちはチャレンジウィークで「十分に仕事をした」という意識でいるので、もう一度「仕事名人」の仕事ぶりを振り返り、家族へのかかわり方を考えさせたいと思いました。そこでサイズの異なる「仕事名人さん」（大・中・小）を用意し、自分たちの仕事ぶりに応じてサイズを決めました。

仕事名人さんになれたかな

松岡	みんなは、今、どれくらい「仕事名人」になってきたのかな？
かな	半分ちょっとくらいじゃないかな。
まさお	もっと少ないよ。きっと。
松岡	じゃあ、これくらいね。（小さい仕事名人を貼る。）
みき	えー、ちっちゃい！でも、まだ、できることが仕事1つだけだから…。

子どもたちの中に、「前と違う仕事をしてみよう」「お母さんのように毎日してみよう」という気持ちがわいてきました。家族からの手紙を読んで「お家の人の役に

立ちたい」という思いは高まっていましたが，さらに「どうすればお家の人がもっと喜んでくれるかな」という，相手を意識した考え方に変わってきたように思いました。

本当の仕事名人なるには？

最後に，「しごとめいじんになるには，なにをどうしたらいいのかな？」と問いかけ，よりよい仕事の仕方について考えることにしました。

挙手した子どもは4～5人と少なかったので，ペア学習に移り，話し合いの進まないところに指導に行きました。また，活発に話し合っているところには，よい意見が出ていることを評価し，発表してみんなに伝えるように促しました。初めは隣同士で話していましたが，後ろの子の意見が気になってグループで話し合う姿も見られました。

松岡	では，話し合ったことを教えてください。
みき	私は洗濯たたみをしたことがないので，それをしたらいいと思います。
松岡	まだ，したことがないものに挑戦するのね。どんなふうにするといいの？
みき	「毎日」続けるといい。
まな	私は，もっとできることを増やすのがいいと思います。
さとし	決めたことを「進んで」するのがいい。
松岡	「進んで」って，どうすることだろう？
さとし	お母さんに言われなくてもすることだと思います。
さき	自分から気付いてすること。
けいた	決めたことだけじゃなくって，「なんでも」できること。
松岡	じゃあ，みんなの言葉をまとめるよ。「まい日」，「進んで」，できることを「なんでも」する。

まい日
すすんで
なんでも

まとめは，キーワードのカードを使って行いました。そうすることで，単元の最初で見つけた仕事名人になるコツと自分の活動を，もう一度結び付けたいと考えたからです。

最終的には，家族の一員として，仕事＝役割を責任をもって続けるように意識付け，具体的にどうしていくかを考えさせたいと思いました。そこで，どんな場面でまとめのことに挑戦できそうか，尋ねてみました。すると，「冬休みに2回目のチャレンジウィークをしたい」という意見が出てきました。「冬休みなら，毎日続

けられる」「冬休みに大掃除をするので，新しい仕事に挑戦できる」「お家の人が一番忙しい時期だから，役に立てる」など，キーワードを意識した考えでした。次の時間には，新しいチャレンジウィークの計画を立てることにして，意欲を高めて授業を終えることができました。

「仕事のコツの発表会」の授業の板書

家族の一員としての役割とは？

　単元のまとめの授業では，家族の中での自分を意識し，家族の一員として協力するとはどういうことかについて考えました。

松岡	みんなが仕事名人になると，家族の何が変わるかな。
いちろう	洗濯たたみをすると，お母さんが楽になります。
はなこ	食器を洗うと，お母さんの役に立つと思います。
まな	部屋掃除をすると，おばあちゃんが助かります。
松岡	お母さんやおばあさんは，楽になった時間で何してるの？
さとし	パソコンで仕事の調べ物をしていました。
ゆき	お買い物に行っていました。
けいた	お風呂をきれいに洗ったら，お母さんは仕事が減って，楽になって，お風呂に入る人はみんな気持ちがよくなります。

　ここでは，「だいすきなひとを　しょうかいしたいな」の時に書いた家族の図と同じ図を板書しました。そして，子どもたちの発表を聞きながら，自分から家族に向かう仕事の矢印を書き加えていきました。自分が仕事をすることで家族の仕事が減ることがわかるようにするため，家族から自分に向かう矢印も細くしていきました。

　子どもたちは，以前は「家族にしてもらっていた」のですが，今では「自分も家族にしてあげている」ことを意識していました。自分のがんばりが家族全体を助け

ていることを自覚し，家族の喜びが自分の喜びになることも感じていました。

「家族が喜んでくれるように，できることを考えよう」「自分でできることを毎日してみよう」と思い，それまであまり意欲的ではなかった子どもからも，「毎日続けてみるから，チャレンジカード（記録用紙）がほしい」「新しい仕事のやり方（手順）を書いてみた」など，具体的で積極的な行動が見られるようになりました。自分の行動が周囲に認められ，それが互いの喜びになることを知り，自尊感情が高まったように思いました。

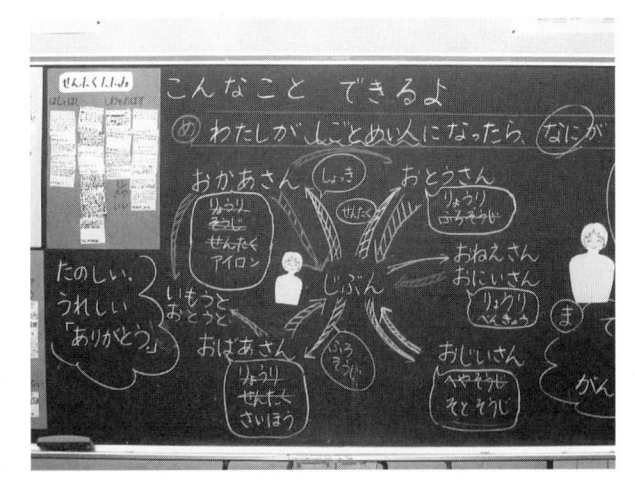

（3）授業づくりを振り返って

「こんなこと できるよ」の単元では，めざす名人の姿を「お手伝い名人」ではなく「仕事名人」とすることで，子どもたちに家庭の中での自分の役割を意識させ，最後まで取り組ませたいと考えました。そのために，チャレンジウィークを設け，期間を区切って毎日取り組むことにしました。家庭と連携しながら，チャレンジカードに毎日ちょっとしたコメントやサインを入れてもらったことで，子どもたちは意欲的に取り組むことができました。

チャレンジウィークが終わった後も「自分の仕事」として続けていた子も多く，「仕事」が生活の中に定着していくのを感じました。次々といろいろな「仕事」に挑戦した子もおり，家庭の中の家族の様子をよく観て積極的にかかわっていく子どもの姿に意欲の高まりを感じました。

保護者からは，「新しいことを始めようとするときは，危なっかしくてハラハラするけれど，いろいろなことができるようになっていくのを見るのがうれしいです。一緒にすることが増えて，お互いに楽しい」といった感想をいただきました。子どもたちは，自分の役割を果たすことに喜びを感じたり達成感を感じたりするだけでなく，家族に感謝の気持ちをもち，家族の中でみんなが愛情を深めることができていることも実感したようです。

また，自分が仕事をうまくこなせるようになると，友だちに伝えようとする子も

増え，教室掃除のときに床に落ちている大きめのゴミを先に拾って捨てたり，給食の準備では配膳の順番を考えて食器の配置をしたりするなど，いろいろな場面で話し合いをして，よりよい方法を考えていくようになっていきました。意見がぶつかって口げんかをすることもありましたが，一人一人が自分なりの考えをもって伝え合っている姿は，子どもたちの成長の証です。3学期には，学校生活のいろいろな場面で，自分から積極的に行動する子どもが増え，みんなで助け合うという意識の高まりが感じられました。

　一方，「仕事」への取り組みがチャレンジウィークの期間だけの一時的なものに終わり，家庭での活動を学校の生活に生かせないでいる子もいました。決められた仕事や役割を継続することを「面倒くさい」と思い，なかなか続かないのです。しかし，そんな子もその都度の仕事や短期間の活動には，意欲的に取り組むことはできています。自分の行動がどのような効果があったかを受けとめるとともに，周囲からの評価をしっかりと伝え，自分に自信をもたせるような機会をもつことで，もっと変わっていくと思います。

　今後は，学校の中だけでなく地域にも目を向け，自分の立場や役割を意識して行動できるようにしたいと思います。低学年でもできることは自分から積極的に取り組むようにし，一人で取り組めないことには友だちとの交流の中で解決策を探り，お互いを高め合いながらみんなで課題を乗り越えていく。そういう楽しさをしっかりと伝えていきたいと思います。

1. めざせ！仕事名人

めざせ仕事名人

お家の人に，お手伝いについて，インタビューしました！！

どうやって発表するか，みんなで考えました。

説明のことばを使って仕事名人の発表会！

グループ発表（洗濯たたみグループ）

付せんに感想を書いて貼ります。

人権・平和

第2章　ESDを広げる

（トピック）紙ヒコーキ講習会

　学校区の民生委員の方々は，毎日，登下校の見守りなどで子どもたちを支えてくださっています。今回，生活科の授業で，紙ヒコーキの作り方を教えていただきました。子どもたちは，楽しく遊びながら，地域の人がいつも自分たちを見守ってくださっているということに気付いたようです。

　1年生の生活科では，自分自身から出発し，一番身近である「教室」，そして「学校」へと徐々に学習を広げていきます。学校探検をする中で，学校にある物や学校で働く人たちに気付きます。そして，「地域」にも次第に目が向くようになってきます。7月は，ちょうどそのような時期でした。

　そこで，学校区の民生委員の方々に，紙ヒコーキの作り方を教えていただくことにしました。初めはどう接していいのかわからず遠慮していた子どもたちでしたが，優しく教えていただいて，徐々に打ち解けていきました。「ここはどうしたらいいですか？」と，自分から質問しながら進める子もいました。完成後，飛ばしてみましたが，思ったほどは飛びません。そこで，よく飛ばすためのコツを尋ね，さらに工夫した子もいました。

　遊びを通して，地域の人とかかわることができました。子どもたちにとっては，自分と地域の人との「つながり」を感じる，初めての体験であったようです。

イカヒコーキ つくるぞ

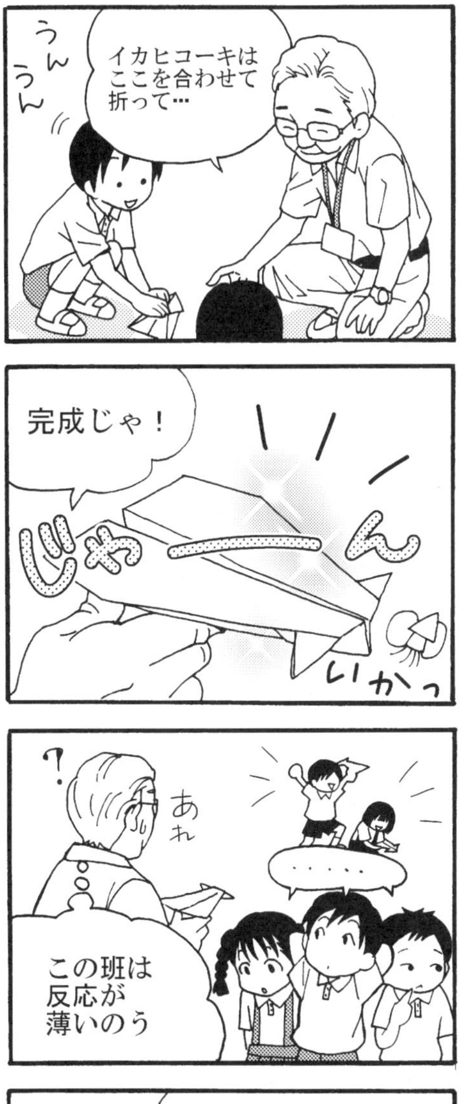

イカヒコーキ とばすぞ

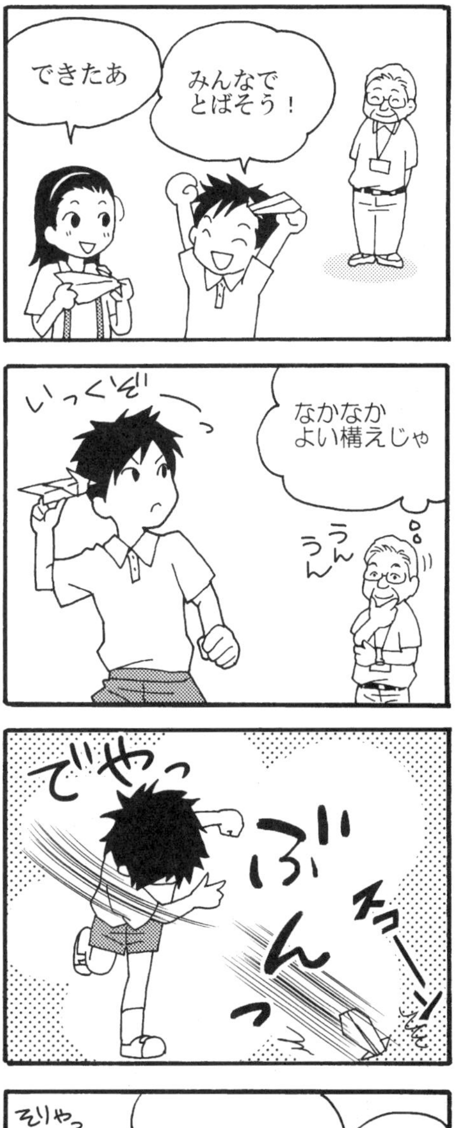

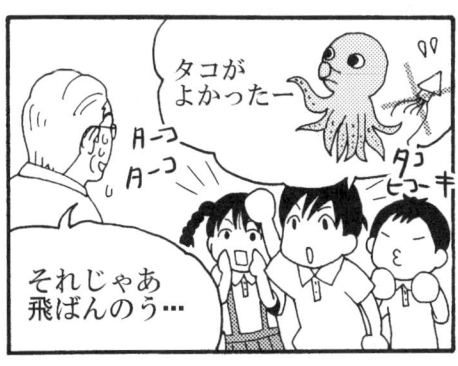

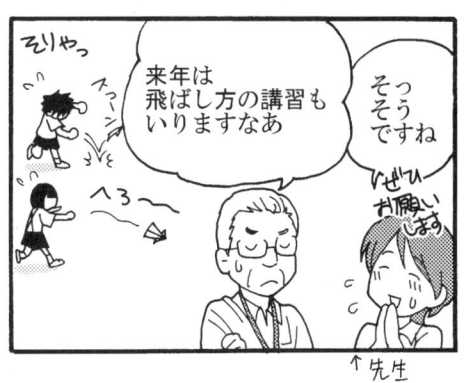

2. とびだせ町へ 春のまち・秋のまち
～2年 生活科／ESD 環境

（1）こんな町になったらいいな

　2年生は，地域で友だちと遊んだり，買物をしたり，子ども会の活動に参加したりするなど，さまざまな人々や場所とかかわって生活し，自分の活動範囲を広げる時期です。学校や家庭を中心とした生活から，自分たちの地域での生活へと視野を広げていきます。しかし，地域の活動がどのような思いでなされているのか，準備にどのような苦労があるのかについては，ほとんど知りません。

　そこで，地域に出かけることで，さまざまな人や場所と出会い，それらに心を寄せ，自分の生活とのかかわりを広げることができるような活動をしたいと思いました。そして，活動を通して，地域の人々や場所のよさに気付くとともに，それらを大切にする気持ちや地域と積極的にかかわろうとする気持ちがわくようにしたいと考えました。

　地域の人々や場所への親しみや愛着は，「もっと知りたい」「もっと親しくなりたい」「自分にできることをしたい」という思いや願いを生みます。こうした思いや願いは，働くことのよさを感じて，みんなのために働く力につながります。その結果，ESDのめざす「責任意識」が養われると考えます。

　単元名は「とびだせ町へ」です。自分に何ができるかを考えさせるために，「こんな町になったらいいな」というイメージをもたせました。そこからバックキャストをして，一人一人ができることを考えるような設定にしました。

● ESDで付けたい力

自律心	思考力・判断力・表現力	責任意識
地域で働く人々の喜びや苦労に気付き，家庭・学校での約束やルールを守る。	町探検で学んだことを，自分の生活と結び付け，思いや考えを自分から発表し，今の自分を振り返って考える。	働くことのよさを感じて，みんなのために働こうとする。

2. とびだせ町へ　春のまち・秋のまち

　生活科の単元である「とびだせ町へ」の目標は，次の4つです。これらは（　）内に示したESDで付けたい力と関連します。

① さまざまな施設を訪問し，施設の人と出会い，親しみをもってかかわろうとする力（自律心）。具体的には，受身でなく自分からあいさつをし，興味をもって対象にかかわる。

② 町探検で見つけたことや調べたことをわかりやすく伝えることを意識し，自分なりの方法で表現する力（思考力・判断力・表現力）。具体的には，町探検を行った後，知ったことや気付いたことを自分の言葉で話す。また，友だちと交流し，友だちの意見を聞く中で，自分が気付かなかったことにも気付く。

③ 地域にはさまざまな施設があり，そこで働いている人々がいることや自分たちの暮らしとかかわっていることに気付く力（責任意識）。具体的には，町探検を通して，身近な場所にさまざまな施設があることに気付き，自分とどのようなつながりがあるのかについて知る。また，働いている人の喜びや苦労について気付く。

④ 自分たちの生活が地域の人々やいろいろな場面とかかわっていることに気付き，それらに接しながら，自分たちの生活を工夫しようとする力（責任意識）。具体的には，さまざまな施設や多くの人々が自分たちの生活にかかわっていることに気付き，地域の一員として自分たちはどのように行動していけばよいかを考え，実行する。

　授業での留意点は，地域の人へのあいさつの仕方，質問をするときの聞き方や説明の聞き方，あるいはお礼の手紙の書き方を学び，人と人とのかかわりを大切にすることです。また，「他の施設ではどうなっているのかを学習してみたい」といった気持ちをもち，次の学習への意欲を高める活動にしたいと思います。

環境

第 2 章　ESD を広げる

● ESD の教育内容のつながり

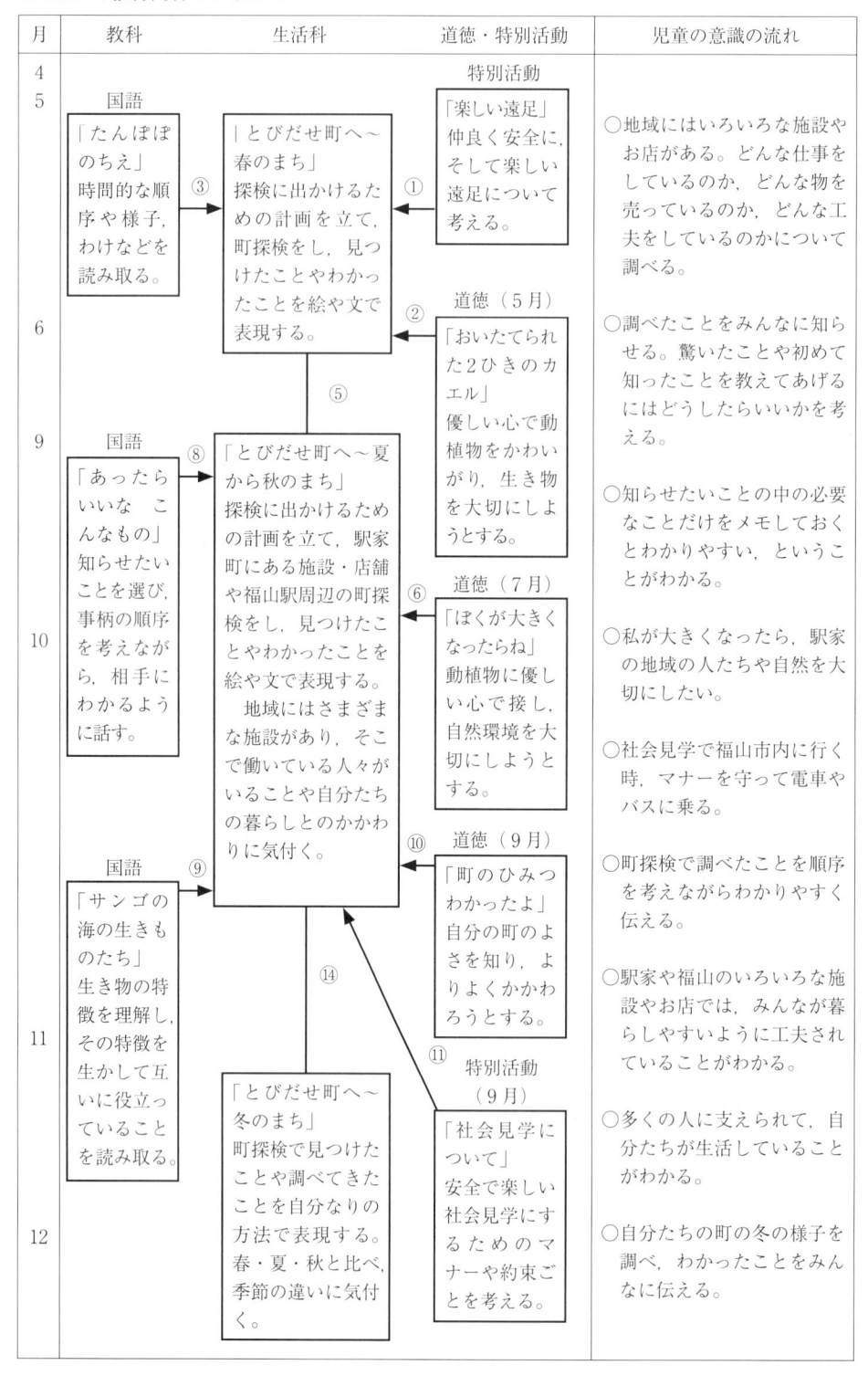

月	教科	生活科	道徳・特別活動	児童の意識の流れ
4 5	国語「たんぽぽのちえ」時間的な順序や様子，わけなどを読み取る。	「とびだせ町へ～春のまち」探検に出かけるための計画を立て，町探検をし，見つけたことやわかったことを絵や文で表現する。 ③ ② ⑤	特別活動「楽しい遠足」仲良く安全に，そして楽しい遠足について考える。 ① 道徳（5月）「おいてけぼりにされた2ひきのカエル」優しい心で動植物をかわいがり，生き物を大切にしようとする。	○地域にはいろいろな施設やお店がある。どんな仕事をしているのか，どんな物を売っているのか，どんな工夫をしているのかについて調べる。○調べたことをみんなに知らせる。驚いたことや初めて知ったことを教えてあげるにはどうしたらいいかを考える。
6 9 10	国語「あったらいいなこんなもの」知らせたいことを選び，事柄の順序を考えながら，相手にわかるように話す。 ⑧	「とびだせ町へ～夏から秋のまち」探検に出かけるための計画を立て，駅家町にある施設・店舗や福山駅周辺の町探検をし，見つけたことやわかったことを絵や文で表現する。地域にはさまざまな施設があり，そこで働いている人々がいることや自分たちの暮らしとのかかわりに気付く。	道徳（7月）「ぼくが大きくなったらね」動植物に優しい心で接し，自然環境を大切にしようとする。 ⑥ 道徳（9月）「町のひみつわかったよ」自分の町のよさを知り，よりよくかかわろうとする。 ⑩	○知らせたいことの中の必要なことだけをメモしておくとわかりやすい，ということがわかる。○私が大きくなったら，駅家の地域の人たちや自然を大切にしたい。○社会見学で福山市内に行く時，マナーを守って電車やバスに乗る。○町探検で調べたことを順序を考えながらわかりやすく伝える。
11 12	国語「サンゴの海の生きものたち」生き物の特徴を理解し，その特徴を生かして互いに役立っていることを読み取る。 ⑨	「とびだせ町へ～冬のまち」町探検で見つけたことや調べてきたことを自分なりの方法で表現する。春・夏・秋と比べ，季節の違いに気付く。 ⑭ ⑪	特別活動（9月）「社会見学について」安全で楽しい社会見学にするためのマナーや約束ごとを考える。	○駅家や福山のいろいろな施設やお店では，みんなが暮らしやすいように工夫されていることがわかる。○多くの人に支えられて，自分たちが生活していることがわかる。○自分たちの町の冬の様子を調べ，わかったことをみんなに伝える。

2. とびだせ町へ　春のまち・秋のまち

つながりの理由

①	春の遠足では「春見つけ」を行い，春の生き物を観察する。春見つけを通して生じてきた生き物に対する思いや学習意欲は，生活科の野菜や生き物を育てる学習につながるので。また，春見つけで見つけた生き物についての気付きを，野菜の成長，生き物の成長の観察に生かすことができるので。
②	道徳の時間に話し合った，生き物を大切にしようとする態度や，大切に生き物を育てていこうとする心情を，野菜の栽培や生き物の飼育に生かすことができるので。
③	たんぽぽは新しい仲間を増やす工夫をしている，生命はつながっているという視点は，育てている野菜や生き物の観察に生かすことができるので。
⑤	春のまちから夏・秋のまちへと自然の変化に着目したり，駅家のまちから福山駅周辺へと範囲を広げたりして，学習を進めるので。
⑥	自分たちが大きくなった時の自然環境についてしっかりと考え，今，自分たちが何をすればよいかということを，環境の視点から考えるので。
⑧	町探検のまとめの発表のときに，国語科で学習したまとめ方や相手への伝え方を使って表現することができるので。
⑨	サンゴの海にすむ生き物たちの環境について考えることは，自分たちが生き物を飼って世話をするときに関連するので。
⑩	道徳の時間の学習をもとに，自分たちの住むまちに興味や関心をもち，意欲的に目を向け，よさに気付いていくので。
⑪	社会見学に向けて，事前にその目的や見学の決まりを話し合うことで，責任意識や相手意識をもって社会見学に行くことができるので。
⑭	夏・秋のまちから冬のまちへと自然の変化に着目して，学習を進めるので。

環境

（2）とびだせ町へ

とびだせ町へ～春のまち～

まずは身近な地域から

　単元の最初の学習は，自分のお気に入りの場所をワークシートにまとめる活動です。この活動を通して，身近な施設に関心をもつことがねらいです。子どもたちは，家の近くの公園やいつも買い物に行っているスーパーなどを取り上げ，まとめたことを発表しました。町の中には，自分たちが知らないところがたくさんあることに気付いたようです。

　そこで，身近な施設の1つである地域の図書館に注目しました。図書館は子どもにとって身近な施設であると思っていましたが，実際には図書館を利用している子は少数でした。なかには，図書館があることを知らない子もいました。

　実際に訪れてみると，「図書館を利用するときは，静かにするなどのルールを守ることが大切」「点字の本もあって，多くの人が利用できるように工夫してある」など，公共の場所の利用の仕方やその特徴に気付くことができました。

図書館の見学を終えた後,「地域の他の施設はどうなっているのだろう」という関心がわいてきたようです。そこで,探検したい施設を挙げてみました。お店（食料店,雑貨店,薬局），郵便局,銀行,保育所。誰に会うのか,どんなことを聞くのか,何を持っていくのか,そして探検でのルールは何かについて話し合い,行きたい施設ごとにグループに分かれました。

本を借りるには？

【郵便局】
　郵便局を探検したグループは,「目の不自由な人が困らないようにメガネが置いてあった」「預かったお金を1円まで合うようにするのが大変だ」など,郵便局で働く人の配慮や苦労に触れることができました。

【食品を売る店】
　食品を売る店を探検したグループは,「1日4,000人くらいの人が買い物に来るので,とても忙しそうだった」と,働く人の大変さを感じていました。また,「自動販売機はお年寄りや小さな子どもたちでも手が届くように,ボタンが下に付いている」と,設備の工夫に気付いた子どももいました。

【薬局】
　薬局で働く人にインタビューをしました。「2万個の商品を扱っているので,覚えるのが大変」と,その苦労を知りました。一方,「お客さんに『ありがとう』と言われるのが一番うれしい」といった,働く人の仕事の喜びについても感じることができました。

　施設への探検を通して,自分のグループが知ったことを紹介したい,他のグループが学

2. とびだせ町へ　春のまち・秋のまち

んだことを知りたい，という思いが自然にわいてきました。

知ったことを伝える

　町探検で学んだことをグループごとにまとめました。お店や施設の様子，働いている人の喜びや苦労などについてです。そして，グループごとに発表しました。働いている人の配慮や思い，苦労について，すべての施設で同じところ，施設によって違うところを考えました．

> 　ぼくたちのグループは，郵便局に見学に行きました。郵便局の仕事は，切手やはがきを売ったり，保険や貯金などのお金を扱ったりしていました。
> 　働いていて大変なことは，お金が合わないととても大変なことになるので，お金を合わせることだそうです。うれしいことは，毎日いろいろな人と出会ってお話ができることだそうです。働くことは，とても大変なんだと思いました。

　子どもたちは地域にある店や施設などを普段利用しています。しかし，その店や施設で働いている人の思いを知る機会は，これまでほとんどありません。町探検の活動を通して，働いている人の思いや苦労を知るとともに，自分たちの生活は多くの人々に支えられていることに気付くことができました。

> ### 他教科などとの関連
> 　特別活動の「楽しい遠足」の学習では，「春見つけ」を行い，見つけたものの様子を詳しく観察します。活動を通して，植物などの自然から季節を感じることができます。
> 　国語科の「たんぽぽのちえ」の学習では，「楽しい遠足」で春見つけをしたことと関連させ，春の植物などの自然に関心をもつことができます。また，自然のもっている不思議さに目を向け，見つけた自然の不思議さを自分から調べようという意欲をもつこともできます。
> 　道徳の「おいたてられた２ひきのカエル」では，身近な自然が失われつつある現在，その自然を壊している一端が自分たち人間であること，迷惑を受けているのは自然の中で生活をしている動物たちも同じであることに気付かせるのがねらいです。自然を壊しているということは自分たちの生活からかけ離れたことでなく，自分たちが住んでいる地域でもあり得ることに気付いていきます。

とびだせ町へ〜秋のまち〜

地域を広げる

　秋の町探検では地域の範囲を広げ，福山市内の３カ所の施設に行きました。福山

駅，中央図書館，北消防署です。公共性の高い施設を訪ねることで，そこで働く人たちが町に住む人の安全や安心に心を配って働いていることや，施設は安心して使えるようになっていること，そして自分たちの生活が働いている人たちに支えられていることに気付いてほしいと思いました。

【福山駅】

　福山駅を見学し，「駅で働いている人は朝早くから夜遅くまで働いていて大変だな」「電車が時間に遅れた時は，お客さんに迷惑をかけるし，誘導しないといけない」といったことがわかりました。

【中央図書館】

　中央図書館では，「巻物のような昔の本や点字の本など，いろいろな種類の本がある」「働いている人は，本の貸し出しをしたり，本を借りに来た人に借り方を説明したりしている」「おじいちゃんが生まれた頃の新聞があった」「本だけでなく，ビデオやDVDも借りることができる」といったことがわかりました。

【北消防署】

　北消防署では，「火事はたくさん起こっていて，1年で300件も起こっている」「消防署の人は1日交代で24時間働いている」「知らせがあったら，すぐ助けに駆けつけられる準備がしてあったり，日々，体を鍛えたりしている」ことがわかりました。

学んだことをまとめる

　秋の町探検で学んだことを大きな模造紙にまとめました。公共の施設で働く人たちの大変さだけでなく，働いている人たちが町に住む人々の安全や安心を考えながら仕事をしていること，そのことにやりがいを感じながら仕事をしていることに気付きました。

2. とびだせ町へ　春のまち・秋のまち

北消防署の探検からわかったこと

　公共の施設は町に住む人々にとってなくてはならないものです。それらの施設が人々の生活を支えていることにも気付きました。多くの人々に支えられている自分。そんな自分に何ができるのか。そうした気持ちが次第に芽生えていました。

他教科などとの関連

　学活の「社会見学について」の学習では，地域にはさまざまな公共の施設があり，そこで働いている人たちがいることや，自分たちの暮らしとのかかわりやよさに気付くことがねらいです。また，マナーを守って公共の施設や乗り物を使うこともねらいです。

　国語科の「サンゴの海の生きものたち」の学習では，海に住む生き物がその特徴を生かして，互いにかかわり合い，役に立っていることを読み取ります。この学習は町探検の学習につながります。町で働いている人たちが自分たちの生活の便利さや安全，安心などにかかわっていることに気付くことができます。

　国語科の「あったらいいな　こんなもの」の学習では，伝えたいことを選び，伝える順序を考えながら，相手にわかるように話すことがねらいです。グループで調べたことを発表し合う場面では，こうした国語の学習を生かすことができます。

　道徳の「町のひみつ　わかったよ」の学習では，資料を読み，登場人物の気持ちについて話し合うことで，自分の町を誇る気持ちや町で働く人たちへの思いに気付くことができます。また，町探検を振り返る中で，自分たちの町に愛着をもち，自分が地域の中で生きていることを感じ取ることができます。

自分に何ができるかを考えよう

　秋の町探検を終えた後，この町に暮らす自分に何ができるか，考えることにしま

した。授業の導入では,「どんな町にしたいか」と尋ね,理想の町のイメージを膨らませることから始めました。バックキャストの手法です。

矢曽	「こんな町になったらいいな」と思う町はどんな町ですか？
ただし	ポイ捨てしないエコな町です。
ゆうこ	みんなに優しい町です。
みき	笑顔になる町。
ゆき	元気になる町です。
こうすけ	事故がない町。

　では,そのような町にするにはどうすればよいか。「自分に何ができるかを考えよう」というのが本時のめあてです。そこで,考えるための材料として,町探検でメモしたことやまとめたことをもう一度見直してみました。そして,思い出したことを発表しました。

矢曽	町探検のまとめをしてきて,思ったことや感じたこと,疑問を出しましょう。
きよし	電車が来るとき,駅員さんがホームにいるのは,危なくないかどうか見ていることがわかりました。
矢曽	電車の始発は何時って話されていましたか？
たくや	4時。
矢曽	それまでに電車を走らせるためには,働いておられる方は何時に仕事を始めなければならない？
かな	3時くらいかな…。早くから仕事を始めるんだなあ。
しんご	他には,点字ブロックがありました。
ごろう	何のためにあるの？
まゆ	目の不自由な人が駅を利用するときに困らないためです。
矢曽	じゃあ,中央図書館はどうでしたか？
つよし	階段の手すりに点字が付いていました。
まさひろ	エレベーターにもありました。
おさむ	点字の本もたくさんあったよ。
矢曽	じゃあ,消防署は？
かな	服は,燃えないようなもので作ってあるそうです。
せいこ	急いで行くために,長靴にズボンが入れてあって,すぐ履けるようになっています。
あきな	ホースもすぐ出せるように,折り方が工夫してあった。
矢曽	駅で働いている人は,3時くらいから

2. とびだせ町へ　春のまち・秋のまち

	働いておられたね。消防署の人たちは，何時から働いているって話してくださった？
かずや	8時から次の日の8時まで。
矢曽	何時間働いているの？
みお	24時間。
矢曽	じゃあ，何でこんな大変な仕事をしているのだろう？
こうすけ	夜中に火事になったらいけないから。
矢曽	みんなは，仕事だったらできそうかな？
さと	うーん…。
いくえ	では，どうして消防署の人たちはがんばっているんだろう？
まほ	町の人が困るからです。
いくこ	人の命を守るため。

　発表の中で，働いている人たちの仕事の工夫や大変さを思い出しました。そして，地域で暮らす人々にとって，その仕事がとても大切であることがはっきりしてきました。そこで，子どもたちに「みんなが町のためにできることはないかな？」と問いかけ，付せんに自分の言葉でまとめるように促しました。

矢曽	自分にできることを教えてください。
さとし	あいさつです。わけは，あいさつをすると気持ちいいからです。
矢曽	あいさつをすると，どうしていいの？
さとし	あいさつとすると，される方もする方も気持ちよくなって，住みたくなるからです。他の町の人もこんな町に住みたいと思うからです。
矢曽	他に意見がありますか？
ゆうき	交通のきまりを守ることです。
矢曽	どうしていいの？
ゆうき	安全だったら，人が住みたくなるからです。
としひこ	火遊びをしないです。わけは，いろんな所に火が移ったら，大火事になるからです。
たくや	わけが違って，火事になると消防署の人にも迷惑になるからです。
矢曽	他にありますか？
ごろう	スリッパをそろえることです。
つよし	なぜスリッパをそろえたら町がよくなるの？
ごろう	きれいにそろっていると，次の人がいい気持ちになるからです。
矢曽	他にありますか？
かな	ごみがない町です。
矢曽	ごみが町にあったらどんな気持ち？
かな	いやな気持ちになります。
おさむ	地球もぼろぼろになる。

第2章　ESDを広げる

矢曽	他には？
ゆうき	残さず食べることです。
ただし	なぜですか？
ゆうき	町の人が残さず食べたらごみが減って，町がきれいになるからです。
じゅん	最後までものを使う。ごみを減らすため，最後まで使うのがいいと思います。
矢曽	他の意見もありますか？
まこと	人の手助けをしたらいいと思います。
矢曽	自分だったら，何を手伝う？
ゆみ	信号を渡っている人がいたら，渡る時に荷物を持ってあげたいです。
あゆみ	自分から優しくすればいいと思います。わけは，してあげた人がいい気持ちになるからです。
矢曽	じゃあ，これをキーワードで言うと？
こうじ	ルールやマナー。
さちよ	助け合う。
矢曽	学校の目標にもなっているように，「何かしてあげたい」という思いをもって行動することが，助け合うことなんだね。では，まとめると，どうなるかな？
こうじ	ルールやマナーを守ったり，助け合ったりしていく。
矢曽	いつから始める？
全員	今から！
矢曽	じゃあ，さっそく今から始めていきましょう。

　こうして自分たちの理想の町にするために，自分たちの行動が必要であることがわかりました。これが机上の空論にならないように，具体的にいつから始めるのかを決め，すぐに実行できるように意識付けることが大切です。

　授業を通して，自分たちの生活は，多くの人に支えられて成り立っていることに気付くことができました。また，微力であっても，自分たちも町の人たちのためにできることがあることに気付きました。自分たちにできそうなことを実際に行動に移して続けることが，子どもたちに求められます。

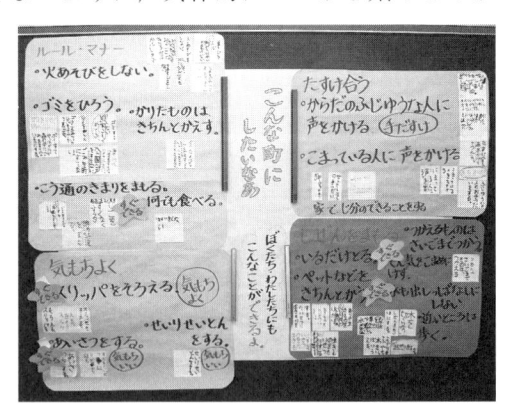

こんな町にしたいなあ

他教科などとの関連

　特別活動の「社会見学について」の学習では，町探検の地域を広域にすることによって，自分たちの住んでいる市内の公共施設に目を向けさせる機会になりました。多くの人が利用する施設では，だれでも利用しやすいような工夫がしてあることに気付くことができました。また，

> その施設で働いておられる方の苦労や喜びについても，聞き取りからうかがい知ることができました。
> 　国語科の「サンゴの海の生きものたち」の学習では，生き物同士が共生していることを知り，地域の一人として自分たちにできることを考える機会となりました。
> 　道徳の「ぼくが大きくなったらね」の学習では，動植物に優しい心で接し，自然を大切にしようとする気持ちが生じてきました。自分たちの地域の自然に目を向け，「秋見つけ」に対する関心をもつことができました。

環境

家族や地域の人に伝える

　2月の学習発表会では，町探検で学んだことを劇にして家族や地域の人に伝えました。どうすればうまく伝わるか，グループで話し合いました。

　子どもたちが伝えたいのは，自分たちは多くの人たちに支えられて生活していること，自分たちも地域に住む一人であり，何か役に立ちたいということです。学習を始める前，知っている仕事といえば家族の人の仕事ぐらいで，それさえも中身はほとんどわかっていませんでした。しかし，学習を終える頃には，社会には多くの仕事があり，どの仕事も必要で大切な仕事であるということに気付いていきました。子どもたちは，町の暮らしを支える人や施設について理解し，自分も支える一人であるということを自覚していたように思います。

（3）授業づくりを振り返って

　4月中旬，単元の学習の最初に，子どもたちに1年間のおおまかな学習の流れについて話しました。学習の見通しをもたせるためにです。そして，子どもたちは町探検の計画を立て，地域のお店や施設を訪れることで，その役割やそこで働いている方々の思いについて気付くことができました。このことをグループでまとめて発表し，学んだことを表現する力を高めていきました。つづいて，2回目の探検では地域を広げ，公共性の高い施設を訪れ，その役割や工夫について考えていきました。その中で，自分たちは多くの人に支えられて生活していることに気付き，自分たちにできることはないかという思いをもつことができました。2年生の子どもであっても，地域のためにできることはあります。今日から始められることを具体的に考えていきました。

　学習発表会では，グループでの発表を踏まえ，自分の思いを伝えるにはどうすればよいかを考えました。町探検でわかったこと，感じたことをどのように伝えるのか，相手意識をもつことを練習から意識しました。発表会当日は，自分の役割をしっかりとやり切ることができました。

第2章　ESDを広げる

　3学期には，1年生を招いて自分たちが計画した遊びを行うことにしました。生活科の「わくわくどきどきフェスティバル」の学習です。どうしたら1年生に楽しんでもらえるのか，そのために何を準備しなければならないのかをつねに考え，一人一人がめあてや責任をもって準備を進めました。当日は，1年生がわかりやすいように説明カードを使って説明したり，実際にやって見せて説明したりと，よく考えながら自分の思いを相手に伝えていました。ESDで育ててきた思考力や表現力，責任意識が生きた場面であったと思います。1年生に喜んでもらえたことに満足し，みんなのために協力して働くことの大切さを感じ取っていたように思います。

2. とびだせ町へ 春のまち・秋のまち

町たんけん

環境

銀行見学

図書館見学

福山には，図書館が
たくさんあるなあ。

保育所見学

ドラッグストア見学

消防署見学

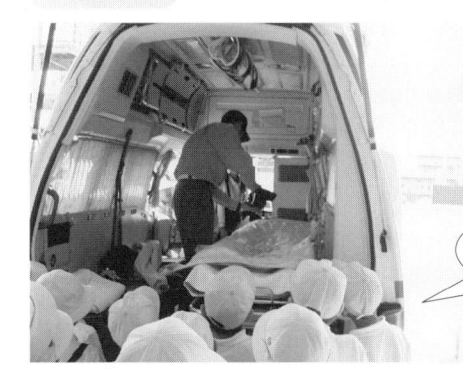

救急車の中は
こうなっているんだ。

47

トピック　わくわくどきどきフェスティバル

　低学年集団で考えると，２年生は１年生から見て先輩です。このことを子どもたちが意識し，「１年生に楽しんでもらえるようなフェスティバルにしたい」という思いをもつことが大切です。相手意識をもちながら，計画や準備を進め，フェスティバルを成功させる。そうした中で，子どもたちは中学年に向けて成長していきます。

　２年生の生活科では，「とびだせ　まちへ」という大きなテーマを１年間を通して学習します。１学期から２学期にかけて春夏秋冬の町を探検し，地域や公共の場所を訪ねました。季節が変わると町の様子も変わることに気付きました。町で働く人にはお仕事の喜びや苦労があることを知りました。

　自分たちの生活は地域の人々や場所と深くかかわっています。そこで，「みんなが住みたい町」にするにはどうすればよいか，考えていきました。交通安全に気を付ける，ゴミを捨てない，公共の場所で騒がないなど，自分たちにできることをしてみよう，という気持ちがわいてきました。

　２学期の11,12月には，かかわりの最小単位である学校の中で，自分より年少の１年生を招いて，フェスティバルを行いました。段ボールを使ったコロコロゲームやもぐらたたきゲーム。ペットボトルを使ったビー玉落としゲーム。自分たちでフェスティバルを行ったことに達成感を味わうことができました。

けん玉ゲームはこうやってするよ

学習の足跡

フェスティバルの計画を立てよう
　必要な準備などについて話し合い，グループや分担を決める。
フェスティバルの準備をしよう
　必要なものを協力して準備する。
「わくわく どきどき フェスティバル」へようこそ
　遊びの各コーナーで自分の役割を果たし，来てくれた１年生と一緒に楽しく遊ぶ。
フェスティバルの振り返りをしよう
　心に残ったことを絵や文で表現する。

2. とびだせ町へ　春のまち・秋のまち

環境

3. 人に優しい工夫を見つけよう
～3年 総合／ESD 人権・平和

（1）相手の心に届けたい

　私たちの町は，高齢者や障がいのある人をはじめとして，すべての人々にとって住みよい町なのでしょうか。福祉の視点に立ったとき，人に優しい工夫とはどのようなものなのでしょうか。子どもたちには，こうしたことをしっかりと考えてほしいと思います。

　授業では，最初に「すこやかセンター」を訪問します。バリアフリー，ユニバーサルデザインなど，誰もが安全に安心して暮らしていくために整えられた施設・設備に触れます。また，車いすに座って動いてみるという体験をし，普段なかなか気付くことのできない町の住みにくさに目を向けることになります。

　では，聴覚に障がいのある人にとって，私たちの町は住みよい町といえるのでしょうか。残念ながら決してそうとはいえません。そうしたなか，聴覚に障がいのある人たちは，手話を用いてコミュニケーションをしています。手話は，子どもたちにとって初めての経験ではありません。これまで手話を使って歌ったり，あいさつをしたりして触れてきました。しかし，口で発する言葉のように互いの気持ちを手話で伝えるには，相当な勉強が必要です。でも，もっと大切なことは，自分の思いを相手に伝えたいという気持ち，相手の心に届けたいという思いです。そうした気持ちや思いは，相手に伝わりやすい表現を探ることにつながります。なんとか伝わったとき，そこに大きな喜びが生まれます。

　今回の授業では，学んだ手話を上手に使いこなすことが目的ではありません。相手の心に届けようとする意欲を大切にしたいと思います。相手のことを意識しながら互いに伝え合う中で，人を思いやる心を感じ取り，気持ちを通じ合う。その喜びを味わうことで，伝え合うことの楽しさがわかる子どもになってほしいと思います。そして，手話という言語が存在する理由について，ぜひ考えてほしいと思います。

3. 人に優しい工夫を見つけよう

● ESD で付けたい力

自律心	思考力・判断力・表現力	責任意識
相手の人格や考え方を尊重し，自分の生き方を振り返る。	相手の立場に立って考えたり，判断したりする。	人とのコミュニケーションの大切さに気付き，他者に積極的にかかわっていく。

「人に優しい工夫を見つけよう」の単元では，問題解決の学習を展開する中で，子どもに次のような力を育てていきます。
① 人を思いやる心を感じ取り，気持ちを通じ合わせるにはどうすればよいかを考える力。
② 他者や社会とかかわり，自分で考え行動する力。
③ 追究や調査のための計画を立案する力，収集した情報を整理し処理する力。

これらの力を基礎にして，多様な人々と共に生きるということについて考え，自分たちの手で住みよい社会を創っていこうとする意志や実践力を養います。これが ESD としての目標です。

● ESD の教育内容のつながり

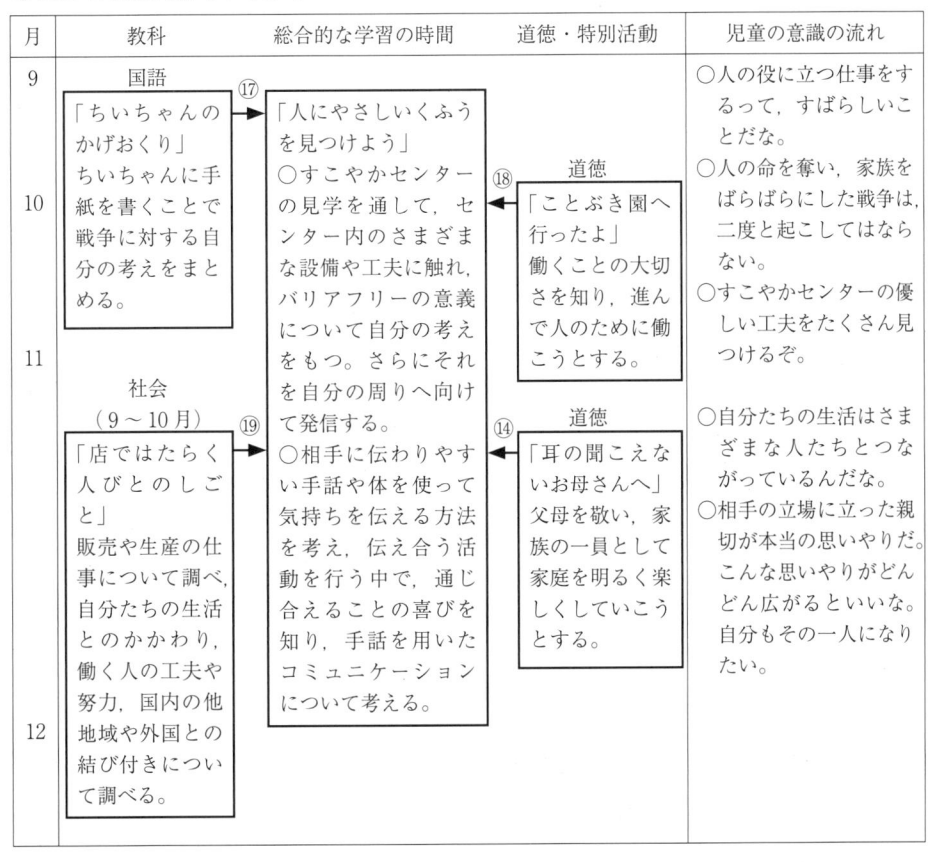

月	教科	総合的な学習の時間	道徳・特別活動	児童の意識の流れ
9 10 11 12	国語 「ちいちゃんのかげおくり」 ちいちゃんに手紙を書くことで戦争に対する自分の考えをまとめる。 社会 （9〜10月） 「店ではたらく人びとのしごと」 販売や生産の仕事について調べ，自分たちの生活とのかかわり，働く人の工夫や努力，国内の他地域や外国との結び付きについて調べる。	⑰「人にやさしいくふうを見つけよう」 ○すこやかセンターの見学を通して，センター内のさまざまな設備や工夫に触れ，バリアフリーの意義について自分の考えをもつ。さらにそれを自分の周りへ向けて発信する。 ⑲○相手に伝わりやすい手話や体を使って気持ちを伝える方法を考え，伝え合う活動を行う中で，通じ合えることの喜びを知り，手話を用いたコミュニケーションについて考える。	⑱ 道徳 「ことぶき園へ行ったよ」 働くことの大切さを知り，進んで人のために働こうとする。 ⑭ 道徳 「耳の聞こえないお母さんへ」 父母を敬い，家族の一員として家庭を明るく楽しくしていこうとする。	○人の役に立つ仕事をするって，すばらしいことだな。 ○人の命を奪い，家族をばらばらにした戦争は，二度と起こしてはならない。 ○すこやかセンターの優しい工夫をたくさん見つけるぞ。 ○自分たちの生活はさまざまな人たちとつながっているんだな。 ○相手の立場に立った親切が本当の思いやりだ。こんな思いやりがどんどん広がるといいな。自分もその一人になりたい。

人権・平和

つながりの理由

⑭	耳の聞こえないお母さんを思いやり，敬う主人公の姿から，心の通じ合いの大切さを考えることができる。
⑰	場面の移り変わりや情景を想像しながら読み，主人公である「ちいちゃん」に手紙を書くことで，家族や戦争に対する自分なりの考えを文章にまとめ，平和の大切さを考えることができる。
⑱	ことぶき園でお年寄りのために一生懸命仕事をしている人たちの話を聞き，驚きと尊敬の気持ちをもつ主人公に共感することができる。
⑲	私たちの暮らしは，働く人々の工夫や努力によって支えられている。主に地域の販売・生産に携わる人の仕事について調べる活動を通して，自分の暮らしはさまざまな人とつながっていることを理解できる。

（2）人に優しい工夫～それは自分の中に～

子どもたちの実態

　子どもたちは，福祉にかかわる事柄についてどのくらい知っているのでしょうか。学習を始める前に尋ねてみたところ，右の表のような結果になりました（3年生全体で60人）。学校の中の人に優しい工夫としては，多くの子どもが手すりと車いす用のトイレを挙げました。また，手話，点字といった言葉は半数以上の子どもが知っていました。さらに，ボランティア活動については，自分たちの生活と深くかかわっているので，よく知っているようでした。

　しかし，学校以外の施設での人に優しい工夫については，歩道のブロックと交差点の信号を挙げるぐらいで，なかなか思い浮かばないようでした。また，手話，点字，盲導犬といった言葉は知っていても，実際に触れる機会は乏しいというのが実情のようでした。

① 学校の中の人に優しい工夫には，どのようなものがあるでしょうか。

手すり	45人
車いす用のトイレ	29人
エレベーター	6人
点字	5人
つえ	4人

② 次の言葉を知っていますか。

手話	45人
点字	38人
盲導犬	29人
福祉	19人
ユニバーサルデザイン	13人
バリアフリー	10人

③ ボランティアには，どのようなものがあるでしょうか。

読み聞かせ	39人
登下校時の見守り隊	38人
公園などの掃除（ゴミ拾い）	34人
社会見学や遠足の付添い	10人
プールの監視	3人

3. 人に優しい工夫を見つけよう

学校の中の人に優しい工夫

　人に優しい工夫は，自分の周りの人たち誰もが安全で安心して暮らしていけるようにするためになされています。そこで単元の学習では，自分の周りの「人」についてイメージすることから始めました。

高橋	私たちの周りには，どんな人がいますか？
子どもたち	お兄さん。お姉さん。妹。お母さん。お父さん。おじいちゃん…。
高橋	そうですね。家族の他には？
子どもたち	先生。総理大臣。坂本龍馬…。
高橋	たくさんの人がいますね。
たくや	まだいるよ。
子どもたち	車いすの人。骨折している人。病気の人。
高橋	本当にいろんな人に囲まれて，私たちは暮らしているんですね。

　自分たちの周りの人たちとは，家族に限りません。子どもたちは，職業や体の特徴などから「人」をイメージしていました。そこで，これらの人たちと「どんなふうに暮らしていきたい？」と問いかけました。子どもたちは，なかなか考えが浮かばず難儀していましたが，「安全に暮らしていきたい」「安心して暮らしていきたい」といった考えが出てきました。

　では，自分たちの暮らしの中に，安全に安心して暮らしていくための工夫はあるのでしょうか。学校の中で見つけてみようということになりました。

高橋	学校の中の人にやさしい 工夫には，どんなものがありますか？
まい	学校の中には，スロープがあります。
ゆき	階段には，手すりが付いています。
かいと	車いす用のトイレがあります。
ゆうじ	洋式トイレもあるよ。
ひろと	教室のドアに点字が書いてある。

　このような工夫を見つけることができました。なかには「南校舎のトイレの入り口はスロープになっているのに，北校舎のトイレにはスロープがないことがわかりました。北校舎のトイレにもスロープがあればいいと思いました」という感想を書いた子どももいました。

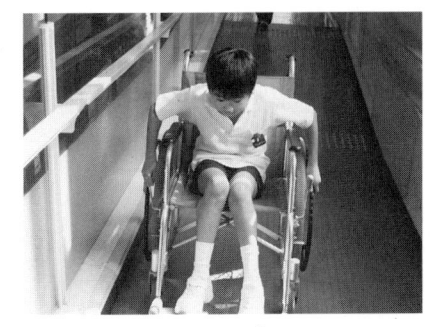

スロープ

福山すこやかセンターを訪ねる

　福山すこやかセンターは，市内の福祉施設

人権・平和

の拠点です。子どもたちはセンターを訪れ、誰もが安全に安心して暮らしていくための工夫を新たに見つけました。人に優しい工夫について、考えを広げていきました。

【スロープ】

建物の中には3階まで続く緩やかなスロープがあり、車いすの体験ができます。実際に使ってみると、腕の力だけでスロープを登るのはとてもしんどいこと、力を緩めると後ろに下がってしまい、大変危険であることなどに気付きました。

学習後の感想
・車いすで一番難しかったのは、エレベーターに乗るときでした。
・端に車いすを寄せるのが大変でした。
・スロープを下りるとき、車いすを押す人は、前向きではなく後ろ向きで少しブレーキをかけて、ゆっくり引きました。
・自分で乗ると腕が疲れて痛くなるけど、押してもらうと楽になります。

【手すり】

高さや太さ、形の違う手すりが、同じ場所に設置されています。車いすに乗る人やお年寄りの方など、それぞれの人のニーズに合わせた工夫です。使う人の背の高さ、手の大きさなどに合わせて、都合よい手すりを使えばよいことに気付きました。

手すり

【点字のある手すり】

目の不自由な人が歩きやすいように、手すりのところどころに点字があります。点字は、今どこにいるのか、目的の場所がどちらの方向にあるのかを示していることがわかりました。

【階段】

段差が低く幅が広いため、上ったり下ったりするのが楽です。お年寄りや幼い子どもも安全に歩けることがわかりました。

点字のある手すり

【電光文字盤】

通常は、館内のお知らせや時刻が表示されています。しかし、緊急時には、「火事です。逃げてください。」といった表示に変わり、危険を知らせます。耳の不自由な人は、放送が聞こえなくても、表示を見て避難できることがわかりました。

【昇降式調理台】

　一般的な固定式の調理台とは異なり，ボタンを押すと台が簡単に上下に動き，背の高さに合わせて使うことができます。車いすの人，背の高い人や低い人など，誰でも使いやすく，とても便利であると思いました。

【調理台の上部にある鏡】

　調理台の上部に鏡があります。台の上の物が鏡に映るので，離れた場所からも台の上に何があるかがわかります。座ったまま調理をする人にとっての工夫です。

【黒いまな板】

　白いまな板や木製のまな板が一般的ですが，この施設には黒いまな板がありました。視力の低い人が白いまな板を使うと，白い食材を切るときに見えにくく，危険を伴います。黒いまな板は，見えやすくなるという利点があります。ある子は「豆腐や大根を切るとき，とても便利だと思いました。手を切る心配がないように工夫されています」と述べていました。

　すこやかセンターの見学を通して，誰もが安心して生活できるようにするために，設備や器具にさまざまな工夫がなされていることがわかりました。しかし，多くの子どもは，こうした工夫が普段自分が使っている設備や器具にも用いられていることや，上手に使うには人と人の助け合いが大切であるということには気付いていないようでした。

階段

電光文字盤

調理台の上部にある鏡

黒いまな板

耳に障がいのある人が安全に安心して暮らすには

　誰もが安全に安心して暮らせる社会というのは，聴覚に障がいのある人にとって

も住みよい社会でなくてはなりません。そうした社会を創っていくには、障がいのある人たちが何に不便や危険を感じているかを理解する必要があります。そこで、子どもたちに尋ねてみたところ、次のような意見が出ました。

- テレビの声が聞こえない。
- 話しかけられても、わからない。
- 車がそばを通っても、危険がわからない。
- 雨が降ってきても、すぐには気付かず、洗濯物が取り込めない。
- 玄関のチャイムが鳴っても、気付かない。

こうした不便や危険に対して、施設や設備、器具といったハードの面で、人に優しい工夫はたくさん見られます。電光文字盤やテレビ番組のテロップなどです。では、ソフトの面で、つまり自分が他者に対してできる、人に優しい工夫とはどのようなものがあるのでしょう。授業では、このことについて考えていきました。

公共施設やショッピングセンターなどでは、「耳マーク」を見かけます。これは「手助けをしますよ」という思いを伝えるために使われています。一方、聴覚に障がいがある人が提示する場合は、自分は耳が聞こえにくいというのを表すのに使われています。公共の場ではこうした工夫があることを紹介し、では自分ならどのような工夫をして思いを伝えるか、聴覚に障がいのある人とどのように話すのかについて考えました。付せんに書いてみると、1人が何枚も使うくらい、たくさんの考えが出てきました。

耳マーク

- 顔を見て話す。 ・動作をしながら話す。 ・口を大きく開けて話す。
- 紙に字を書く。 ・手話を使う。

「本当にこれで伝わる？」と問いかけ、子どもたちが考えた方法を試してみまし

た。実際に顔を見て話したり，動作を取り入れて口を大きく開けて話したり，口を大きく開けてゆっくりと話したり，手や体を使って話したりすると，伝わりやすいことがわかりました。また，抽象的な言葉や動作にしにくい言葉は伝えるのが難しいこと，長い話を伝えるのも難しいことがわかりました。

　また，話す方法以外では，紙に字を書くときは丁寧な字で簡潔に書けば伝えやすいこと，手話を知っていればうまく伝わることがわかりました。さらに，「伝える」ということは一方的にどちらかが話すだけではだめで，言葉のキャッチボールが大切であることもわかりました。

思いを伝え合う

　耳が不自由なHさんと手話通訳のSさんを授業にお招きしました。まず，Hさんが，耳が聞こえなくなったのはいつからなのかといった生い立ちや，耳が聞こえないということはどういうことなのかといった普段の生活について語ってくださいました。つづいて，「普段の生活で困るのはどんなときだと思いますか」というHさんの質問に対して，子どもたちは「車が来たとき，ひかれる」「火事が起こっていてもわからない」「お客さんが訪ねて来てもわからない」と答えていました。この間，Sさんは手話と口話を使って，Hさんと子どもたちの会話の橋渡し役をされていました。HさんとSさんで交わされている手話が大切なことを実感しました。

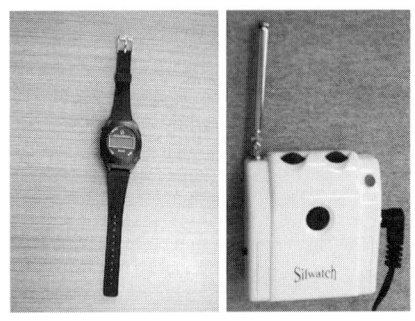

振動する腕時計と電波発信器

　つづいて，家の中で使っている工夫された道具を見せていただきました。「振動する時計」は，玄関のチャイムが鳴ると電波が発信され，腕時計が振動する仕組みです。来客に気付くことができます。また，玄関のチャイムが鳴ったり，赤ちゃんが泣いたりすると光る，という仕組みの箱形の道具も紹介していただきました。

　つづいて，子どもたちの考えた伝え方で，思いを伝えることに挑戦しました。口を大きく開けて話す，動作をしながら話すという方法です。子どもたちは，画用紙に書いてある絵を見て，その絵の内容をHさんに伝えようとしました。1問目の

「ライオン」は，たてがみを動作で表すことで簡単に伝えることができました。2問目の「バナナ」も，皮をむく動作によって簡単に伝えることができました。3問目の「キリン」は，首が長いことを表す動作が難しいということに気付きました。口を大きく開けて話すことを付け加えると，伝わりました。4問目の「三輪車」については，どう伝えればよいのか悩みました。乗ってこぐ動作をしましたが，伝わりませんでした。動物や果物な

何の絵か，伝わるかな？

どの簡単な内容は，動作で伝えることができますが，三輪車のようにちょっと複雑になると伝えることができません。さらに，いろいろな思いを伝えるには，体や口の動きだけでは到底無理です。子どもたちは，手話がどうしても必要であることに気付きました。

　最後に簡単な手話を教えていただきました。あいさつと自分の名前を手話にして，友だちに伝えました。子どもたちはとても喜んで手話に取り組んでいました。この程度のことでもなかなか覚えられないのに，たくさんの手話を覚えるのはとても大変なことがわかりました。

学んだことを発表する

　全校集会では，これまでの学習を振り返り，成果を発表しました。①「この社会に暮らすすべての人が安全に安心して暮らせるようになったらいいな」と思いながら学習を進めたこと，②すこやかセンターには，安全に安心して暮らすための「人に優しい工夫」がたくさん見られたこと，③自分から「人に優しい工夫」をすれば，聴覚に障がいのある人にとっても暮らしやすい社会につながること，④そのための有効な手段として手話があり，手話によってお互いの思いを伝え合うことができること。

> **他教科などとの関連**
>
> 道徳「くうちゃんの絵」
> 　ちょっと変わったところがある「くうちゃん」。くうちゃんのよさをみんなが知ることで，学級全体が向上していく。さまざまな友だちとの交流を通して，その人のことを知ったり考えたりする。自分の周りにはさまざまな人がいることに気付くことができる。
>
> 道徳「ことぶき園へ行ったよ」
> 　ことぶき園でお年寄りのために一生懸命働いている人の話を聞き，主人公が驚きと尊敬の気持ちをもつ。老人ホームなどの施設の仕事やお年寄りに対する接し方を感じ取ることができる。
>
> 道徳「耳の聞こえないお母さんへ」
> 　耳の聞こえないお母さんを思いやり，自分の思っていることを手紙に書いてお母さんに伝える。文字を通しての心の通じ合いの大切さを考えることができる。
>
> 社会科「店ではたらく人びとのしごと」
> 　私たちの暮らしは，働く人々の工夫と努力によって支えられている。地域の生産・販売に携わる人の仕事について調べる活動を通して，自分たちの暮らしはさまざまな人とつながっていることを理解することができる。

人権・平和

（3）授業づくりを振り返って

　この社会をすべての人にとって住みよい社会にするために，自分たちにできることは何なのか。学習を通して，一人一人が考えることができました。すこやかセンターを見学し，設備や器具の工夫に触れたことで，バリアフリーやユニバーサルデザインの考え方が理解できました。「百聞は一見にしかず」と言われるように，実際に体験したり見学したりしたことは，子どもたちの理解を深めるのに大変有効であったと思います。

　また，子どもたちがこれまで捉えていたコミュニケーションとは，自分が相手に伝えることばかりでしたが，学習を通して，伝えるというのは言葉のキャッチボールであることに気付きました。そして，聴覚に障がいのある方と対面し，自分の思いをなんとか伝えようとした経験から，誰もが住みよい社会にするには人と人とが伝え合う，助け合うことが大切であることを感じてくれたに違いありません。

　この学習を終えたあと，東日本大震災が起こりました。多くの方々の尊い命が犠牲になりました。さらに，避難生活を余儀なくされるという方もいらっしゃいます。連日の新聞やテレビの報道を通して，人と人とが支え合うことの大切さ，お互いの思いの通じたときの喜びを感じました。子どもたちの家庭や地域でも，ボランティアの話や義援金の話が聞こえてきました。誰もが住みよい社会は，自分たちが創っていこうと思わないと実現しません。子どもたちの人とかかわる力，社会とかかわる力をさらに伸ばしていきたいと思います。

トピック　水辺の生き物を育てよう

　3年生の理科では，チョウなどの昆虫について調べる学習があります。理科の学習と関連させて，総合的な学習の時間で，地域の小川や田んぼの水辺の昆虫（ヤゴ）を育てることにしました。子どもたちは，ヤゴの生態を知り，自然の大切さについて考えていきました。また，ヤゴがすみやすい環境にするために，自分ができることについて考えていきました。

　3年生の総合的な学習の時間では，「水辺の生き物を育てよう」というテーマで学習を進めています。4～7月に地域の小川や田んぼにすむヤゴを捕獲し，教室で育てました。ヤゴのすみかや餌を本やインターネットで調べ，自然と同じような環境を水槽の中に作りました。外の自然環境がヤゴにとって住みやすい環境であることがわかり，その自然環境を守ることの大切さを考えることができました。

腹の先から水を噴射しているよ

　6月には広島市森林公園昆虫館の坂本充先生から，ヤゴの体のしくみについて教えていただきました。ヤゴの体はその他の昆虫と同じように頭，胸，腹の3つに分かれていることを学びました。また，実際にヤゴに餌をやってみて，生きのよいアカムシしか食べないこと，あごが伸びることなど，調べたことを自分の目で確かめることができました。

えっ！あごが伸びるんだ！

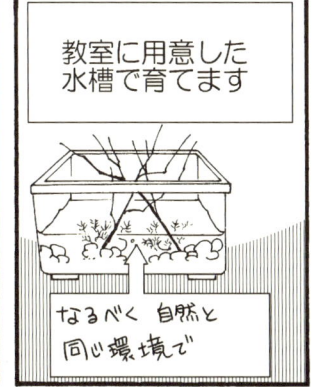

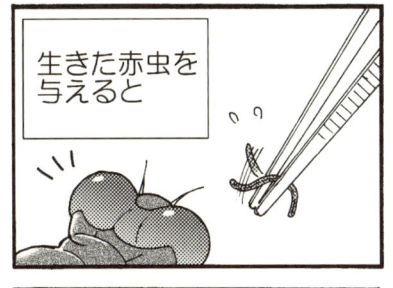

3. 人に優しい工夫を見つけよう

環境

身近な田んぼや川でヤゴをさがし、

つかまえたヤゴは

教室に用意した水槽で育てます
なるべく自然と同じ環境で

みんなで調べ学習

これはヤンマかな？それともシオカラ？

何を食べるのかな？

いつトンボになるんだろう？

生きた赤虫を与えると

下唇がのびて赤虫を捕獲するようすが観察できます

ビュッ

広島市昆虫館の坂本充先生にも教えていただくことができました

自然が残っていなければヤゴはいなくなってしまう

ヤゴが住みやすい環境のために自分に何ができるか考えるのだ！

4. 水・ごみ・リサイクル
～4年 社会科・総合／ESD 環境

（1）共生社会でどう生きるか

　私たちは，この地球がいつまでも「青い地球」で，すべての人が幸せに暮らせる地球であってほしいと思っています。しかし，残念ながら現在の地球には，環境問題をはじめとして，エネルギー問題，国や地域間の紛争，経済問題による貧富の差などの多くの問題が存在し，不安な将来を感じるような状況です。

　次の時代を担う子どもたちに，持続可能な社会を築き，発展させていく力をつけていくことは私たちの使命です。多くの文化と共生し，すべての人がお互いを尊重し合う平和な世の中を築いていく一員になってほしいと願います。

　本単元は，「ごみ」の学習から始めます。地球上でごみを出すのは人間だけです。ごみはどうして出てくるのか，どこから出されるのか，ごみに対してどう対応すればよいのかについて考えていかなければなりません。そして，「ごみ」につづいて，「水」の学習をします。水は人間だけでなく，地球上のすべての生き物にとって不可欠です。地球上の水の量は太古からほとんど変わっておらず，地球上を循環し，すべての生き物の命をはぐくんできました。その水を汚すのも，人間だけなのです。水と生き物とのかかわり，水と人間とのかかわりについて学ぶことは，共生社会における自己の生き方を考えるきっかけになります。共生社会を実現するために，地域の一員としての自覚を促す単元にしたいと考えました。

● ESD で付けたい力

自律心	思考力・判断力・表現力	責任意識
体験活動を通して，自分を見つめ直し，生活を改善しようとする。	自分たちの生活が自然にどのような影響を与えているかを知り，共存・共生には何が必要かを考え，表現する。	自分の発言や行動と身の回りの生活とのつながりを考え，行動しようとする。

　授業は，社会科の「ごみのしょりと活用」「命とくらしを支える水」の単元と総

合的な学習の時間の「水・ごみ・リサイクル」の単元をつないで展開します。子どもたちに ESD で付けたい力を養うことによって，環境，経済，社会という多面的な視点から問題を追究し，問題に対して自分たちができることを考え，行動することの大切さを理解させたいと思います。

環境

● ESD の教育内容のつながり

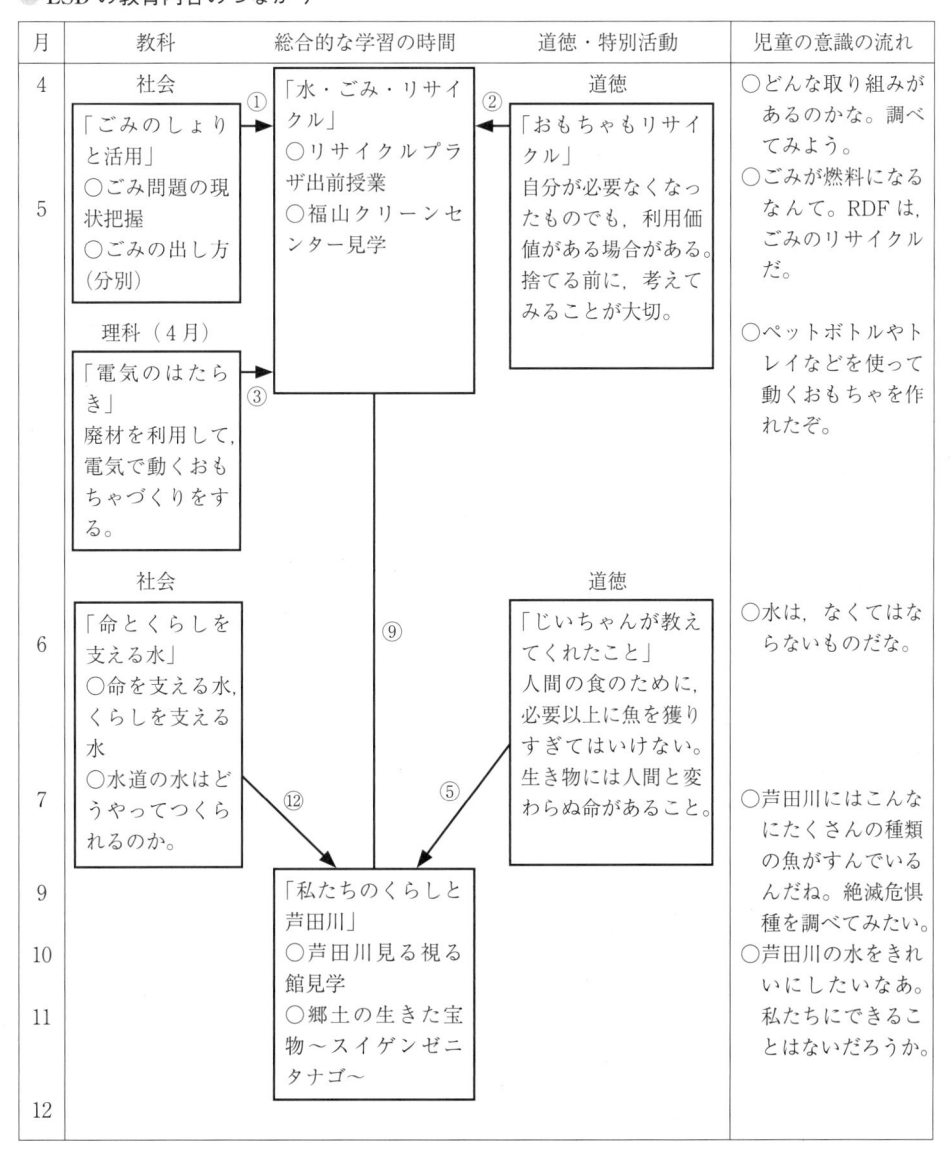

月	教科	総合的な学習の時間	道徳・特別活動	児童の意識の流れ
4 5	社会 「ごみのしょりと活用」 ○ごみ問題の現状把握 ○ごみの出し方（分別） 理科（4月） 「電気のはたらき」 廃材を利用して，電気で動くおもちゃづくりをする。	「水・ごみ・リサイクル」 ○リサイクルプラザ出前授業 ○福山クリーンセンター見学　①　③	道徳 「おもちゃもリサイクル」 自分が必要なくなったものでも，利用価値がある場合がある。捨てる前に，考えてみることが大切。　②	○どんな取り組みがあるのかな。調べてみよう。 ○ごみが燃料になるなんて。RDF は，ごみのリサイクルだ。 ○ペットボトルやトレイなどを使って動くおもちゃを作れたぞ。
6 7	社会 「命とくらしを支える水」 ○命を支える水，くらしを支える水 ○水道の水はどうやってつくられるのか。	⑨ ⑫	道徳 「じいちゃんが教えてくれたこと」 人間の食のために，必要以上に魚を獲りすぎてはいけない。生き物には人間と変わらぬ命があること。　⑤	○水は，なくてはならないものだな。 ○芦田川にはこんなにたくさんの種類の魚がすんでいるんだね。絶滅危惧種を調べてみたい。
9 10 11 12		「私たちのくらしと芦田川」 ○芦田川見る視る館見学 ○郷土の生きた宝物～スイゲンゼニタナゴ～		○芦田川の水をきれいにしたいなあ。私たちにできることはないだろうか。

第2章　ESDを広げる

つながりの理由

①	自分たちの暮らしとごみ問題のかかわりは，非常に大きい。衣食住の生活の中で出されるごみが誰によってどのように処理されるのか，また，増え続けるごみに対して人間の知恵でどのように活用しようとしているのかなど，自己の課題を見つけさせることに適しているから。
②	自分が必要なくなった「ままごとセット」を捨てるという行為に罪悪感はない。しかし，ままごとセットをごみ置き場から「もらってもいいですか」と持って行くおばさんから，再活用の可能性を知る。捨てればごみだけれど，手直しすれば他でも使ってもらえる道があることを知り，リユースの意識を高めることができるから。
③	電気のはたらきの学習で，モーターを使って動く車を作り，電池のつなぎ方によって電流の強さを変えたり，＋極，－極の向きを変えて，モーターを逆回転させたりする体験をする。その中で，既製のものではないものが作れるのではないかという意識が高まる。そこで，廃材（ごみ）を活用して，動くおもちゃを作る。廃材の活用が「リサイクル」につながる。捨てればごみだが，アイディアでおもちゃに生まれ変わるということを体験できるから。
⑤	生き物は皆，命をもっている。その命をいただきながら生きている。必要な時，必要なだけ，決して獲りすぎないようにすることが命を大切にすることであると，じいちゃんが教えてくれた。この考え方はすべての生き物が共生するための基本的な考え方であり，ESDの基本であるから。
⑨	水は地球上で循環し，自然環境の中でリサイクルされている。身近な芦田川をきれいにしたいと思う気持ちは，自分たちにできることを考えることにつながる。これはごみ問題の学習と関連するから。
⑫	森林が水を蓄える働きがあることを学び，水資源の確保には森林の保全や川の浄化などが大切であることに気付く。また，自分の生活の中での物や水の使い方について考え，振り返ることで，資源を大切にする態度を育てることができるから。

（2）ごみ，水，そしてスイゲンゼニタナゴの学習

ごみや水についての子どもの意識

　学習前の子どもたちは，「ごみは出て当たり前」「いらないものは捨てる」「ごみは落ちていても気にならない」といった具合で，ごみに対する問題意識は感じていないようでした。水についても，「蛇口をひねれば，いつでも出てくる」「水道の水はきれいなのが当たり前」という意識で，毎日使っているものに疑問をもつという姿は見られませんでした。

　そこで，子どもがどの程度の知識をもっているかを知るために，社会科の「ごみのしょりと活用」の単元の導入で，「リサイクル」をキーワードとしたコンセプトマップを作成してみました。

村上	「リサイクル」という言葉から関係のあることを，思い付くまま，どんどん書いてみよう。
けんじ	リサイクルできるものだったら，何でもいいですか？
村上	次々に，その言葉から膨らませて考えてごらんよ。リサイクルショップに行ったことあるかな？「××××」とか，「△△△△」とか，行ったことない？
こうじ	あるある。ゲームを買いに行きました。

だいすけ	カードも売ってます。レアなのが安く売ってました。
村上	まだまだ使える物を安く売ってるよね。先生もよく行くよ。

　リサイクルという言葉は，リサイクルショップをはじめとして，よく耳にする言葉です。しかし，連想した言葉の数は多くて20語程度。子どもたちのイメージの広がりは乏しいことがわかりました。しかし，なかにはリサイクルという言葉は周りにあふれていることに気付き，大きな広がりをもった子どももいました（右図）。連想したさまざまな言葉は，この後の課題意識につながることとなります。

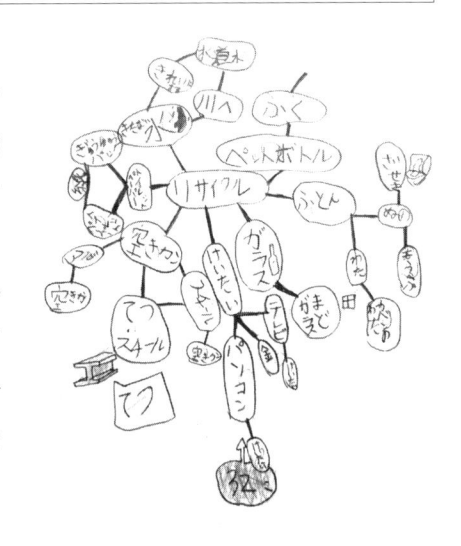

ごみの処理と活用の現場で

　つぎに，ごみの処理と活用について学ぶため，福山リサイクルプラザの職員の方による出前授業と，福山クリーンセンターの見学を行いました。出前授業では，ごみ収集のパッカー車の仕組みとごみの分別について，詳しい説明を聞きました。

職員	福山市のごみは，いくつに分類されているか知ってますか？
りさ	知っています。7種類です。
職員	全部言えますか？
みき	燃えるごみ。
職員	いやいや。「燃やせるごみ」です。プラスチックごみも燃えるけど，燃やしちゃいけないんです。
しょうた	「資源ごみ」「プラスチックごみ」。それから包んであるもの…。
職員	「容器包装プラスチックごみ」と言います。
かず	燃やせる「粗大ごみ」，不燃…。
職員	よく知ってるね。「不燃破砕ごみ」です。あと1つは，「使用済乾電池，ビ

分別クイズ

	デオテープ類，使い捨てライター」です。これで7種類。
ゆか	どうして，そんなに分別するのですか？
職員	分別することで，ごみが減らせるんです。ごみをちゃんと分別することで，資源として再生できるんです。 では，みんなに聞くけど，「3R」って知ってますか？
子ども	うーん…？
職員	まず「リデュース」。これは買ったものをできるだけ長い間大事に使って，ごみを減らそうということです。つぎに「リユース」。できればもう一度使うということ。家具や電気製品など，それから古着もこれだね。そして「リサイクル」。リユースできない物は粉々して溶かしたりして，そこから同じ物を作ります。ジュースの缶やビン，新聞や本に使う紙，プラスチックなどがリサイクルされています。

　福山市のごみの分別については事前に学習していましたが，出前授業を聞くことで，分別によってごみの減量やリサイクルができることがわかりました。ごみの分別は，一人一人が少しの手間をかけることで世の中を変えることができるというよい例です。「1人の100歩より，100人の1歩」という言葉にぴったり当てはまります。

　つづいて，福山クリーンセンターでの見学では，ごみの出し方とリサイクルについて学習し，簡単なリサイクルの体験をしました。

ごみの出し方について	
職員	ごみの分別については知ってるよね。でも，ごみを集めてみると，プラスチックごみの中に，出してはいけないごみが，こんなに混ざっているんです。 （プラスチックごみに混ざった紙，ペットボトル，空き缶が提示される。）
職員	せっかく分別して集めても，これらを除くために，人の手でもう一回分別作業をしないといけません。あそこを見てください。あんなに大きいゴム手袋をして作業をしているでしょ。どうしてか，わかる？
はるみ	汚れるから？
ゆうじ	危ないからかなあ。
職員	そう。カミソリとか，カッターナイフの刃が混ざっていて，作業中にケガをすることがあるからねえ。
りょう	へえ〜。おそろしいなあ。
職員	プラスチックごみを正しく出してくれないと，リサイクルにも手間がかかるんです。

　このように，作業をしている人の思いを聞きました。ごみを出すときにちょっと気を付ければできることを教えていただきました。これはESDで大切にしたい相手意識です。ごみを出すとき，ごみを処理している人を思い浮かべることができるかどうかです。自分の行動は誰かにつながっています。このことを意識できれば，自ずと自分の行動が変わってきます。

> **リサイクル家具について**
> 職員　リサイクルプラザでは，まだ使える家具を修理して展示販売をしています。とても人気で，抽選して品物を渡しています。とっても安いから，今度，家族の人と一緒に見に来てくださいね。
> りくと　すごく安い！机もソファーも。まだまだきれいだし。
> 職員　不用な家具は，ごみに出すのではなく，連絡してくれたら取りに行くようにしています。まだまだ使わなくちゃ，もったいないからね。

　不用な家具を修理して展示販売を行っているコーナーです。道徳の「おもちゃもリサイクル」の学習につながる場面でした。自分には必要なくても，必要と思う人がいればまだまだ使えます。おまけに安くて，リサイクルショップの比ではありません。見学後，家族と訪れたという子どももいました。

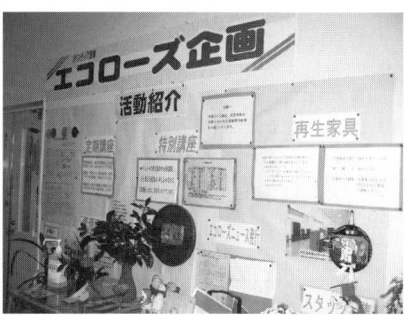

リサイクル展示

> **リサイクルによるアニマル・マグネット作り**
> 職員　廃材を動物の形にくりぬいた物に色を付けて，裏にマグネットを貼り付けたら，ほらできあがり。
> だいご　冷蔵庫にメモを貼るのに使えるなあ。
> ゆか　かわいい！すぐに作れそう。
> あい　これもリサイクル。ごみを減らせる。

ちょっとしたメモを留めておくのに便利でござル！

アニマル・マグネット

　リサイクルプラザによる出前授業やクリーンセンターへの見学でたくさんのことを学びました。子どもたちの中には疑問やさらに調べてみたいことが生じてきました。やはり，実際に自分の目で見たり，仕事に携わる人から現場で感じること聞いたりすることは，課題意識をもつのにとても有効であると思いました。

学んだことを新聞にする

　この後，一人一人が課題を決めて，調べたことを新聞にしました。子どもたちは，次のような課題を挙げました。

> **課題の例**
> ・空き缶の再生はどのように行われるのか？
> ・ペットボトルは回収されてどうなっていくのか？
> ・牛乳パックを使った再生紙作りを体験してみたい。

どんな新聞になるのかな？

- 資源回収したビンは，その後どうなっているのか？
- 廃材を活用したリサイクル工作。
- ごみを減らすための取り組み。
- 3R（リデュース，リユース，リサイクル）とは？

そして，出前授業や施設見学で学習したことを振り返ったり，図書室の本やパソコンを使ったりして，新聞記事のネタを揃えていきました。見出し，記事，写真・絵などのレイアウトを考えながら，1枚の新聞にまとめました。

他教科などとの関連

道徳「おもちゃもリサイクル」
○ねらい
　ものや金銭の大切さを知り，古いものでもそれを活用しようとする態度を育てる。
○主題の設定理由
　お金を出せば何でも手に入れることができる時代となり，使い捨てが善と考えられています。しかし，地球の資源は有限です。このままだと資源が不足する日が必ずやってきます。物を大切に使う，他に活用する，再利用することの大切さを実感させたいと思います。
○成果と課題
　学習の後，次のような感想が出ました。「主人公のゆみ子のように，『リサイクルは大人がするもの』『汚くなったら捨てればよい』という気持ちが自分にもあった。しかし，社会科と総合の『水・ごみ・リサイクル』を学習して，『自分たちも小さなことやできることからやればいいんだ』という気持ちになれた。ものを最後まで使い切ることは，ものを大切にし，ごみを減らすことにもなる。自分のできることから取り組んでいきたい。」

理科「電気で動くおもちゃをつくってみよう」
○ねらい
　電気のはたらきについて学んだことを活用して，廃材（ごみ）を材料とする動くおもちゃを作る。
○主題の設定理由
　電気のはたらきの学習で，モーターを使って動く車を作り，電池のつなぎ方によって電流の強さを変えたり，＋極－極の向きを変えて，モーターを逆回転させたりする体験をしました。その中で，「既製品とは違うものが作れるのでは？」という意欲が高まってきました。廃材を活用した作品を作ることを知らせ，材料（プラスチック容器，食品トレイ，ペットボトル等）を集める。廃材といえども多様で，捨てれば「ごみ」だが，アイディア次第でおもちゃに生まれ変わるということを体験させたいと思います。

命と暮らしを支える水

　つぎは水についての学習です。ごみについて学んだことを踏まえて，水もまた自分と深くかかわっていることに気付き，自分のできることを考えてほしいと思いま

した。まず、今回は全員で「水」をキーワードとしたコンセプトマップを作りました。多くの視点から、言葉が広がっていきました。

そして、「水」についての考えや調べてみたいことを尋ねたところ、次のような意見が出ました。

- 人間にとって水は欠かせない。
- 水道の水はとても便利だけど、どうやって作られているのか。
- 人間だけでなく、すべての動植物にも必要不可欠。
- 芦田川の水は資源だ。
- 水資源を守っていくには、森林の手入れをしたり、川の水をきれいにしたりすることが大切。

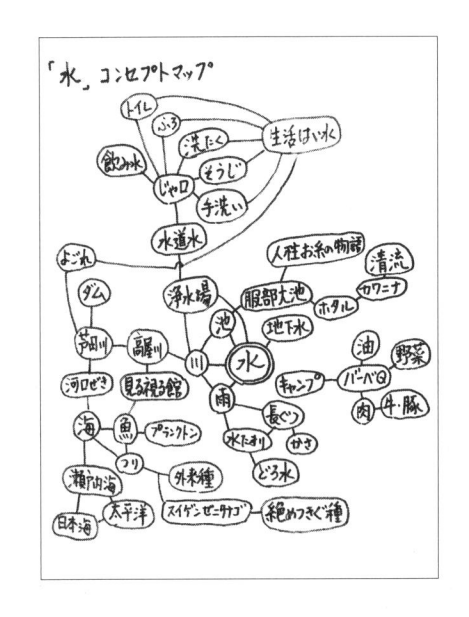

これらの意見を踏まえ、今回は校区を流れる芦田川について調べることにしました。私たちの暮らしと深いかかわりのある芦田川は、広島県内ワースト１の水質です。この点では自慢できる古里の川ではありません。なぜそれほど汚れているのか。水質浄化の取り組みはなされているのか。これらを知るために、「芦田川見る視る館」という水処理施設を見学することにしました。

子どもたちは、3つのことを学習しました。まとめると次のようになります。

○芦田川の汚れの原因

福山市は人口約47万人、広島県の中核都市です。下水道普及率は平成22年3月現在65.7％と、決して高くありません。そのため、生活排水が河川に流れ込むというのが現状です。また、飲料、工業、農業の用水確保のために河口堰が作られ、河川水と海水の出入りが制限されるようになったことも、下流域の水質悪化の原因といわれています。

芦田川見る視る館

○芦田川見る視る館の役割

芦田川には、支流から生活排水を多く含む水が流れ込んでいます。支流の水を浄化して、本流につなぐことが、この施設の役割です。

浄化された水が流れる川を見学しました。思わず手をつけてみたくなるほど，きれいな水でした。その川には，きれいな川にしか生息しない魚が戻ってきたようです。一方，下水道の整備が課題として残されています。

〇芦田川に生息する生き物

芦田川にすむ20種類の魚が展示されています。オイカワ，カワムツ，ムギツク，カマツカ，ドジョウ，カワヨシノボリ，ギギ，オヤニラミ，ヤリタナゴ，アブラボテなどです。さらに，水質悪化によって絶滅が危惧されているスイゲンゼニタナゴが「郷土の生きた宝もの」として紹介されていました。

浄化された川の水

スイゲンゼニタナゴ

郷土の生きた宝もの～スイゲンゼニタナゴ～

「芦田川見る視る館」を見学した後，子どもたちの関心は郷土の生きた宝もの，スイゲンゼニタナゴに集中しました。そこで，この魚を取り上げて，水と生き物とのかかわり，自分とのかかわりを考えていくことにしました。

授業の目標は，「芦田川にすむ絶滅危惧種のスイゲンゼニタナゴの事例から，自然を守るためにできることを考える」です。子どもたちには，人間が自然環境の一部であり，さまざまな生き物と共存・共生していることを理解してほしいと思いました。そこでまず，スイゲンゼニタナゴの生態について復習しました。

村上	芦田川見る視る館に行ったとき，スイゲンゼニタナゴを見たよね。どんな魚だったか，覚えているかな？
たくみ	水のきれいな所にすんでいます。
としひろ	小型の昆虫などを食べています。
かずし	二枚貝の中に卵を産みます。
村上	よく覚えているね。スイゲンゼニタナゴは「絶滅危惧ⅠA類」といって，ごく近い将来に絶滅の危険性が極めて高い魚なんです。

絶滅するということは，これまでずっと生きていた仲間のすべてがこの世から存在しなくなるということです。子どもたちにこのことを問いかけると，「だめだめ！」という言葉が自然と出てきました。ここで本時のめあてを提示しました。「スイゲンゼニタナゴは絶めつしてもいいのか？」です。

4. 水・ごみ・リサイクル

この答えは、もちろん「ノー」。ではなぜ絶滅の危険があるのでしょうか？スイゲンゼニタナゴの生態から、その理由を考えることにしました。

しょう	川の汚れによってすむ場所がなくなったり、えさがいなくなったのだと思います。
しん	川を整備して、卵を産みつける二枚貝がいなくなったんじゃないかな。
たいき	ブラックバスやブルーギルなどに食べられてしまったんだと思います。

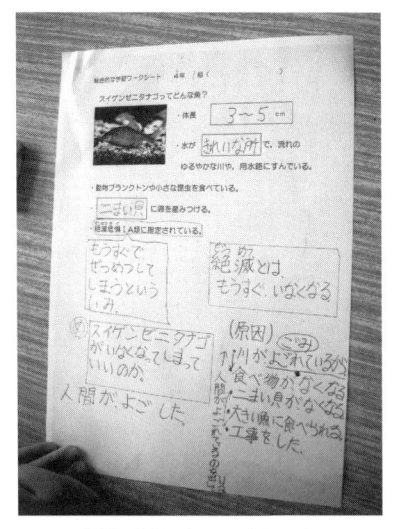

授業で用いたワークシート

しかし、こうした理由はすべて人間がしようと思って、した結果です。川の整備はもちろん、川の汚れや外来種の移入にしても、結局は人間が目的をもってしたことの結果です。とすれば、スイゲンゼニタナゴが減っていくのは仕方のないことかもしれません。本当にスイゲンゼニタナゴを保護しなければならないのか。子どもたちに揺さぶりをかけてみました。

村上	スイゲンゼニタナゴはどんどん減っていくのは仕方のないことだよね。保護する意味があるのかなあ…。 （少しの間沈黙）
よしお	人間のせいで絶滅しそうになっているので、人間が守らないといけないと思います。
ちさと	川が汚れたのも、二枚貝がいなくなったのも、ブラックバスが増えたのも人間がしたことなので…。だから、他の生き物を絶滅させたくないです。
まき	生き物が生きにくいということは、いずれ人間にも順番がまわってくると思います。
かずし	「福山の宝もの」だから、保護しなくちゃいけない。
村上	なるほど。みんなそう考えるんだね。結局、人間のしたことがスイゲンゼニタナゴを減らしてしまっているんだなあ。だから守らないといけない。
しょうた	バランスが悪くなると思います。
村上	何の？
しょうた	地球の。地球の生き物の。
みさ	いろんな生き物が必要です。
村上	そうかあ。地球にはいろいろな生物がいて、バランスをもって生きているんだ。じゃあ、このままだと地球はどうなると思う？
子ども	ダメになる。困る…。死ぬ。

環境

71

第2章　ESDを広げる

　最後にスイゲンゼニタナゴの保護活動を続けている高校の新聞記事を紹介しました。「自分たちにできそうなことはないかな？」と尋ねると、「ポイ捨てをしない」「流しに油を捨てない」「ポスターで呼びかける」「芦田川の清掃活動に参加する」「植林活動に参加する」といった、たくさんの意見が出ました。

　そして結論。「スイゲンゼニタナゴを守ることは、地球を守ること」とまとめて、授業を終えました。

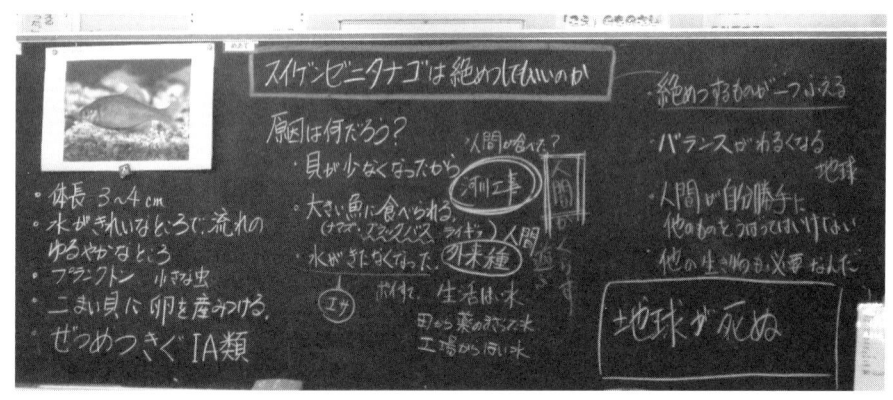

「スイゲンゼニタナゴは絶滅してもいいのか」の授業の板書

（3）授業づくりを振り返って

　今回の授業は、ごみの学習から始め、水の学習で広げ、スイゲンゼニタナゴの学習で深めるという流れでした。地域の宝と呼ばれるスイゲンゼニタナゴを取り上げたことは、子どもたちの関心を呼びました。この魚が直面している問題を考え、自分たちの暮らしを見つめ直す機会になりました。学習後、地域の「芦田川清掃活動」やライオンズクラブ主催の「水源の森づくり」（植林作業）に家族とともに積極的に参加する子がいたことは、学習の成果といえます。

　ごみ問題一つを取り上げてみても、今のままでは持続不可能な社会になるのは明らかです。日本はこれまで経済成長を遂げ、大量消費の社会を築き上げてきましたが、今、大きな危機に瀕していることは紛れもない事実です。学校教育にできることは、地球上すべての命あるものが共存・共生していることを教え、その中での自分の立ち位置を自覚し、自分と命あるものとのつながりを考えて行動できる子どもを育てることです。授業を終え、ESDの実践はその中心を担っていることを、改めて感じました。

4．水・ごみ・リサイクル

リサイクルプラザによる出前授業

布でできたぞうりをはいて歩くと，歩いた分だけ床がきれいになることを知りました。とても便利だなと思いました。

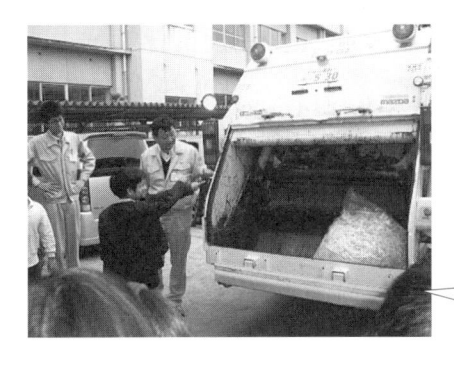

環境

パッカー車には，停止のスイッチが3つもあることを知りました。足もとにあるスイッチには気付きませんでした。
中がとっても広くてびっくりしました。

自然体験活動

木を傷めないようにツリー・クライミングをして，自然を楽しむ。
野菜や果物を心を込めて育て，おいしくいただく。
これも共生ということ。

トピック　ヒロシマから平和を

私たちの住む広島県は、約70年前世界で初めて原子爆弾を落とされた場所です。
現在では、町の様子も人々の暮らしもすっかり変わり、当時の様子を知る人や戦争を体験した人はだんだん減ってきています。
しかし、戦争によって生活に必要なものが奪われ、多くの犠牲を出したことは忘れてはならない事実なのです。

課題を見つける

戦争と平和について勉強します
調べたいことを見つけよう

なぜ日本はそんな戦争をしたんだろう？
なんで広島に原爆が落とされたんだろう？
当時の人々の暮らしは？

事前学習

多くの人が犠牲になったんだ
実際に広島市に行ってみたいな

平和への願いをこめて折り鶴を折ろう
佐々木貞子さんはどんな気持ちでこの鶴を折ったのかな

社会見学

原爆ドームは今も変わらず当時の姿で残されているね
爆弾の破壊力の大きさを感じるね

4. 水・ごみ・リサイクル

環境

原爆の子の像

僕たちが折った折り鶴を捧げて平和を祈ろう

この場所に原子爆弾が落とされたなんて信じられないね

たくさん石碑があるね

他国の人々の石碑もあるんだ

まとめ・発表に向けて

学んだことを学習発表会で発表しよう

本やインターネットだけではわからないことがたくさんわかったよ

低学年でもわかるように絵や写真があるといいな

外国の人もたくさん見学に来ていたね

学年発表会

実際に見ると本当に戦争の恐ろしさを感じることができました

二度と同じ過ちを犯してはいけないと思います

戦争の恐ろしさや平和の大切さを語り継いでいるからこそ平和な今の生活があるんだね

これからも学んだことをしっかりと心に留めておこう

Peace

5. 今，地球が危ない！
～5年 総合／ESD 環境

（1）地球のためにできること

　近年，地球環境は悪化の一途をたどっています。特に地球温暖化と呼ばれる気温の上昇は，世界各地で異常気象や生態系の破壊を招くなど，さまざまな問題を発生させています。

　地球ではどのような異変が起こっているのか。それはなぜ起こっているのか。私たちはこれらの事実を正しく捉え，問題の解決に向けて行動することが求められます。なぜなら，地球環境の問題は人間が引き起こした問題であり，その責任はすべて人間にあるからです。

　5年生は，総合的な学習の時間の「今，地球が危ない！」という単元において，地球環境問題について学習してきました。平成17年度からは温暖化の防止に焦点を当て，学校 TFP（トラベル・フィードバック・プログラム）を取り上げてきました。TFP とは，バスや鉄道などの公共交通機関の利用を促進することによって，車による渋滞緩和と CO_2 の排出削減を図るというものです。これは福山市都市交通課によって企画され，学校と連携しながら進められています。

　平成21年度は TFP の学習を発展させ，福山市で開催された「全国バスサミット」に参加しました。バスを利用することが CO_2 の排出削減に貢献することや，地域の人がバスを利用する上で望むことについて学習し，成果を発表しました。

　そして平成22年度は，家庭でできるエコ活動や公共交通機関の利用促進について，多くの場で呼びかけました。地域の祭りや福山市のバスまつり，あるいは環境学習モデル校発表会においてです。ここでは，平成22年度の実践と平成21年度のバスサミットでの発表を紹介します。

5. 今，地球が危ない！

● ESD で付けたい力

自律心	思考力・判断力・表現力	責任意識
持続可能な社会（地域）をめざし，そこに生きる一人としての役割を自覚する。	自分たちの生活が，自然や人々とどのようにつながり，どのような影響を与えているかについて考える。	人と環境とのかかわりについて考え，主体的に行動する。

「今，地球が危ない！」の単元のねらいは，次のようになります。

① 環境問題は身近な問題であることに気付く。

② 自分の生活を振り返りながら，環境問題に対する取り組みについて考え，その取り組みを継続的に実践する。

③ 自分たちの取り組みを，より多くの人に対して効果的に発信する。

私たちは地球の一員です。このことを自覚し，普段から「地球のためになっているか」と考えることが求められます。そして，自分にできることを見つけて行動する。できたことを周りの人に広げるために，さらに行動する。そうした行動力，実践力を備えた子どもを育てたいと思います。

● ESD の教育内容のつながり

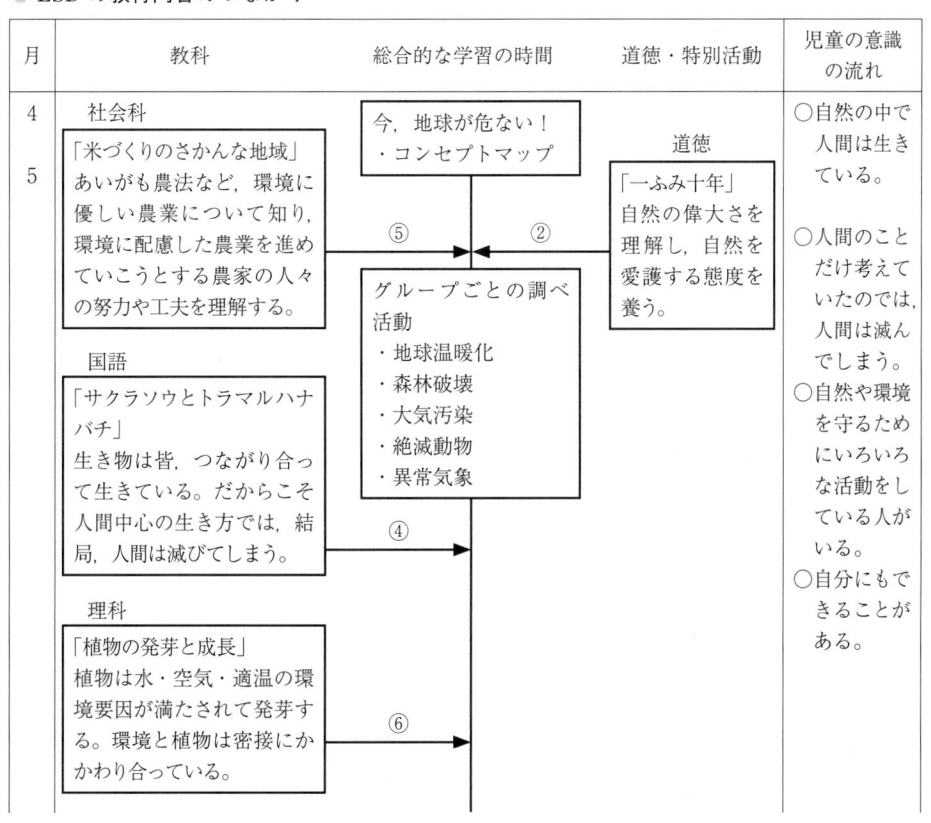

月	教科	総合的な学習の時間	道徳・特別活動	児童の意識の流れ
4 5	社会科 「米づくりのさかんな地域」 あいがも農法など，環境に優しい農業について知り，環境に配慮した農業を進めていこうとする農家の人々の努力や工夫を理解する。 国語 「サクラソウとトラマルハナバチ」 生き物は皆，つながり合って生きている。だからこそ人間中心の生き方では，結局，人間は滅びてしまう。 理科 「植物の発芽と成長」 植物は水・空気・適温の環境要因が満たされて発芽する。環境と植物は密接にかかわり合っている。	今，地球が危ない！ ・コンセプトマップ ⑤　　② グループごとの調べ活動 ・地球温暖化 ・森林破壊 ・大気汚染 ・絶滅動物 ・異常気象 ④ ⑥	道徳 「一ふみ十年」 自然の偉大さを理解し，自然を愛護する態度を養う。	○自然の中で人間は生きている。 ○人間のことだけ考えていたのでは，人間は滅んでしまう。 ○自然や環境を守るためにいろいろな活動をしている人がいる。 ○自分にもできることがある。

第2章　ESDを広げる

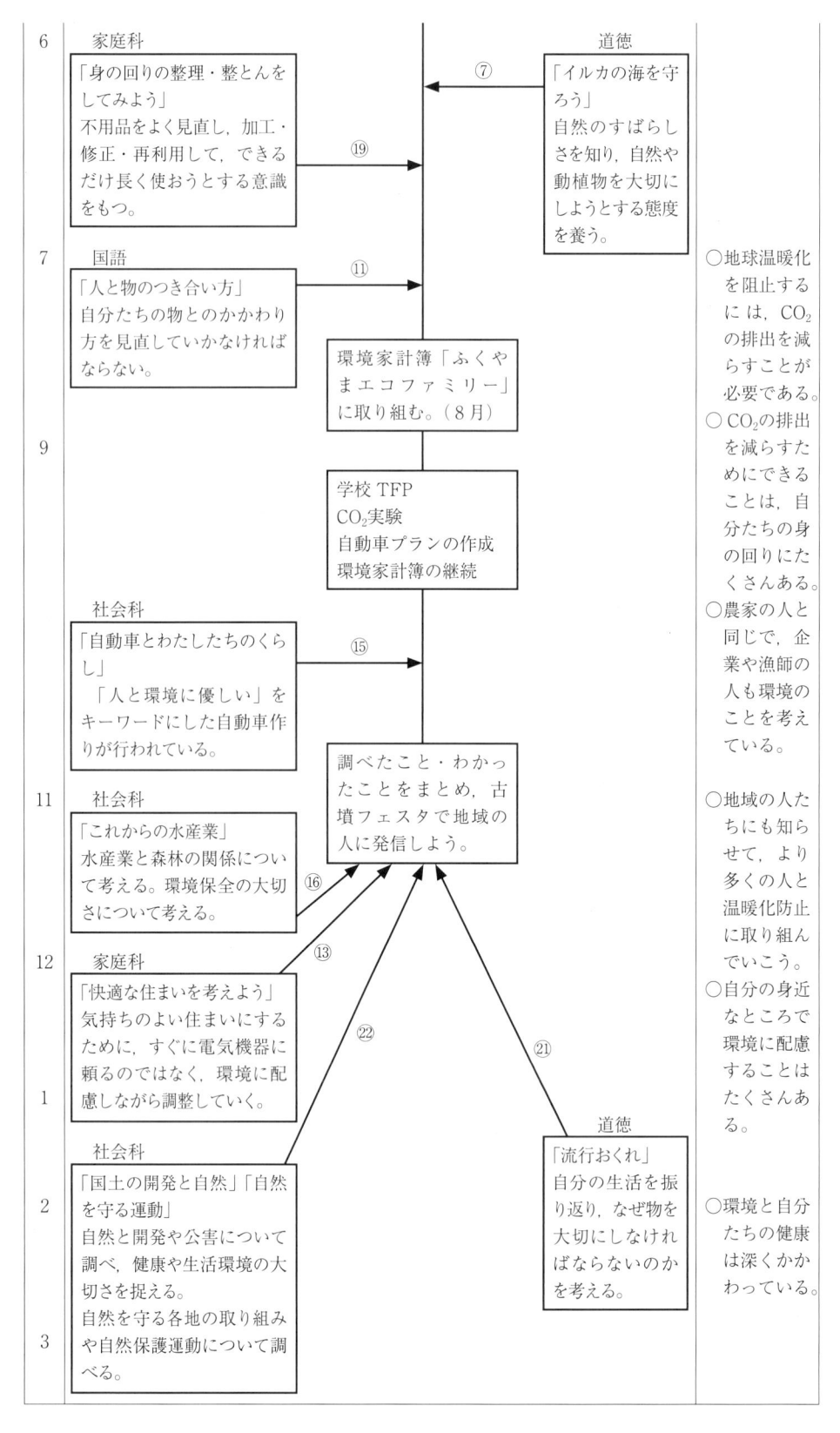

月			
6	家庭科「身の回りの整理・整とんをしてみよう」不用品をよく見直し，加工・修正・再利用して，できるだけ長く使おうとする意識をもつ。 →⑲	⑦← 道徳「イルカの海を守ろう」自然のすばらしさを知り，自然や動植物を大切にしようとする態度を養う。	○地球温暖化を阻止するには，CO_2の排出を減らすことが必要である。
7	国語「人と物のつき合い方」自分たちの物とのかかわり方を見直していかなければならない。 →⑪	環境家計簿「ふくやまエコファミリー」に取り組む。（8月）	○CO_2の排出を減らすためにできることは，自分たちの身の回りにたくさんある。
9		学校TFP　CO_2実験　自動車プランの作成　環境家計簿の継続	○農家の人と同じで，企業や漁師の人も環境のことを考えている。
	社会科「自動車とわたしたちのくらし」「人と環境に優しい」をキーワードにした自動車作りが行われている。 →⑮	調べたこと・わかったことをまとめ，古墳フェスタで地域の人に発信しよう。	○地域の人たちにも知らせて，より多くの人と温暖化防止に取り組んでいこう。
11	社会科「これからの水産業」水産業と森林の関係について考える。環境保全の大切さについて考える。 →⑯		
12	家庭科「快適な住まいを考えよう」気持ちのよい住まいにするために，すぐに電気機器に頼るのではなく，環境に配慮しながら調整していく。 →⑬	㉒ ㉑ 道徳「流行おくれ」自分の生活を振り返り，なぜ物を大切にしなければならないのかを考える。	○自分の身近なところで環境に配慮することはたくさんある。
1			
2	社会科「国土の開発と自然」「自然を守る運動」自然と開発や公害について調べ，健康や生活環境の大切さを捉える。自然を守る各地の取り組みや自然保護運動について調べる。		○環境と自分たちの健康は深くかかわっている。
3			

5. 今, 地球が危ない!

つながりの理由

②	動植物や自然の美しさ，雄大さに触れ，感動する心をもつことが，動植物や自然を愛することや自然を保護することにつながる。わずかマッチ棒の太さしかないチングルマにも10年間に及ぶ成長があり，その生命力の尊さを感じ取ることができるから。
④	自然界や生態系で起きている変化について読み取る。サクラソウとトラマルハナバチのように，自然界の生き物は長い年月をかけて互いに利益を得るための共生関係を築いていること，その関係が生態系とつながっていることを理解する。人間も生態系の一部であり，自分たちの生活も自然界とつながっていることを知る。このようなことから，環境問題も自分たちの問題であると考えることができるから。
⑤	あいがも農法など，環境に優しい農業の工夫について知る。環境に配慮した農業を進めている農家の人たちの努力や工夫を理解することができるから。
⑥	何らかの環境破壊によって，水・空気・適温の一つでも欠けると植物は発芽しないということ，つまり，環境と植物の密接なかかわりについて考えることができるから。
⑦	日本だけでなく世界の国々でも，人間の欲望によって動植物の暮らす環境が壊されている。イルカの海を守ろうとする人々の努力について話し合うことで，自分たちの身近な取り組みが美しい地球を守ることにつながることを考えることができるから。
⑪	ごみ問題は，人と物とのかかわりの問題である。物を大切にする心を取り戻すことが，ごみ問題の解決につながる。環境に対する自分の姿勢が大切なことを理解できるから。また，環境問題について調べ，発表する際に，数値を示し，グラフにするなど，効果的な資料作りを学ぶことができるから。
⑬	気持ちのよい住まいにするために，暖かさ，明るさ，風通しについて調べる。住まいの中の暑・寒・明・暗などに対して，すぐに電気機器に頼るのではなく，環境に配慮しながらカーテンや自然の光・温度・風などを利用し，調整していこうとする実践力を高めることができるから。
⑮	自動車作りは「人と環境に優しい」をキーワードに，ガソリンを使わない自動車や排出ガスの少ないエンジンの開発が進められている。また，再利用できる部品を多く使ったり，分解しやすい組立て方にしたりするなど，率先して環境に配慮した活動を行っていることを理解できるから。
⑯	山で植樹活動をしている様子を読み取りながら，水産業と森林の関係について考え，問題意識をもつことができる。水産業と自然環境との深いつながりに気付き，川，海，森林などの環境保全の大切さを理解できるから。
⑲	不用品の中には捨てればごみ，回収すれば資源となるものが多い。不用品についてよく見直し，加工・修繕して家庭内で再利用したり，譲り合ったりするなどの方法で，物をできるだけ長く使おうとする意識や実践力につながるから。
㉑	物が豊かにあふれ，周りは新しい物についての情報で一杯である。児童は流行に影響され，さまざまな欲求をもっている。こうした中，自分の生活を振り返り，自分の欲求をどこまで満たし，どこまででとどまらせるのかを判断する力と物の有効利用に努める態度を育てることができるから。また，家庭科での不用品の生かし方，国語科のごみ問題についての調べ学習を踏まえ，なぜ物を大切にしなければならないのかという本質に迫ることができるから。
㉒	環境破壊や公害は産業の発展と深い関係があり，豊かな生活を求めてきた結果として，再び人間にたくさんの問題が返ってきていることを知る。農業，林業，水産業，工業など産業界全体で，あるいはまた，日本各地で環境を保全していくさまざまな取り組みがなされている。自分たちも，将来にわたって環境を守っていく必要があると考えることができるから。

環境

（2）「1人の100歩より，100人の1歩」をめざして

課題意識をもつ

　「地球が年々変わっている」という意識は，子どもたちの中に確かにあるようです。「地球温暖化」「異常気象」「オゾン層破壊」といった言葉も知っているようです。しかし，これらの問題を自分たちの問題として意識することはほとんどありません。どこか別の国の知らない人たちの問題であるかのようです。

　そこで単元の導入では，身の回りの水は地球を循環していることを例示し，人間と自然とのつながりについて，次のように説明しました。天の恵みである雨水は山や森に蓄えられ，水は川となり，海に流れ出る。海は雨をもたらす元となる。自然が作り出す地球規模での循環の中で，あらゆる生き物は生かされている。水を汚すと，生き物は生きていけない。このことは人間も例外ではない。人間が引き起こしたことは，人間が解決しなければならない。

　そして，子どもたちに「今，地球が危ない！」と投げかけ，環境問題について学習することを伝えました。最初の活動はコンセプトマップです。「環境問題」という言葉から連想する言葉を挙げていきました。すると，4年生のときに学習した「水の問題」や「ごみ問題」などのさまざまな問題が互いにつながっていることが目に見える形でわかりました。では，なぜこんなにたくさんの問題が出てきたのか。昔と今では生活の仕方が大きく変わってきているということが話題になりました。

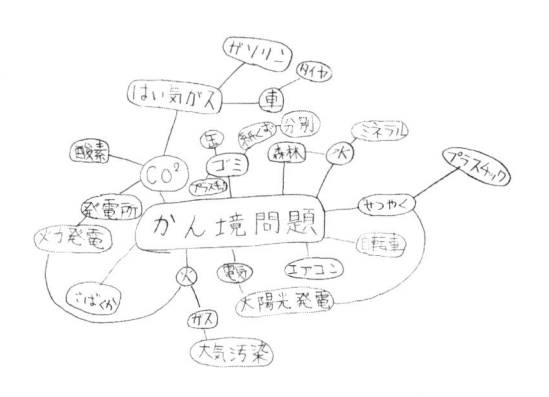

勇谷	昔と今ではどんなことが変わってきたと思うかな？乗り物ではどうかな？
ゆさ	昔は，今みたいに，自動車は多くなかったと思います。
けんた	ぼくの家では，大人1人に1台の自動車があります
ちえ	自動車がないと，生活が不便になると思います。
勇谷	もっと昔と比べたらどうかな？
ゆうすけ	テレビの『龍馬伝』を見ていたら，京都から山口まで歩いて行ったって言っていました。びっくりしました。
勇谷	じゃあ，家の中はどうかな？
ゆずき	今はほとんどの家事は電気製品で，便利になっていると思います。
さき	3年生の時に洗濯板で靴下を洗ったけど，洗濯物が多いと大変だったです。

> | | |
> |---|---|
> | りな | 今はほとんどの家にエアコンがあるけど、昔は扇風機や団扇しかなかったって聞きました。 |
> | りょうと | でも、夏は今ほど気温が高くなかったって聞いたよ。 |
> | ともき | 今年なんか、もう30℃を越えた日がある。 |
> | 勇谷 | 暑い日がもうあったよね。このまま、どんどん気温が上がっていったら、どうなるかな？ |

　話し合いを通して、今は便利で快適な生活になったけれども、その分たくさんのエネルギーを使っていることや、エネルギーの使い過ぎが地球を汚し、環境問題を引き起こす原因になっているのかもしれないことに気付きました。

課題について調べる

　つづいて、地球環境問題と呼ばれる地球規模での環境問題について、子どもたちに示しました。地球温暖化、異常気象、大気汚染、森林破壊、動物の絶滅の5つです。このうちのいくつかはコンセプトマップに挙がっていました。

　調べたい環境問題ごとにグループを作り、書籍やインターネットを活用しながら現状や原因などを調べ、ポスターにまとめていきました。その際、わかりやすいポスターにするために、環境問題のキーワードを示すこと、具体的な数値を挙げること、表やグラフを活用すること、事実と意見や感想を分けることを心がけることを求めました。

　この間、道徳と国語科の学習では、ESD関連カレンダーの内容のつながりを意識し、次のような授業を進めていきました。

> **道徳「一ふみ十年」**
> 　主人公の勇は、立山登山をした際、うっかり高山植物「チングルマ」の上に腰を下ろしてしまう。立山自然保護センターの自然解説員の松井さんから、「高山植物を踏みつけてしまうと、元のようになるのに10年以上かかる。立山では昔から『一踏み十年』を合い言葉に、山の好きな仲間で山の自然を守っている」という話を聞き、その言葉の重みを噛みしめることになる。
> 　こうした内容を学ぶことで、子どもたちは動植物の美しさ、雄大さに触れ、感動する心をもつことが、動植物や自然を愛すること、さらに環境を保全することにつながることに気付きました。わずかマッチ棒の太さしかないチングルマにも、そこには10年間にも及ぶ成長があることがわかり、生命力の尊さを感じ取ることができました。今までの自分たちは自然に目を向け、小さい命も自分たちと同じように生きているということに無関心であったと振り返ることができました。
> 　春の遠足では、野原に咲いていた花を持ち帰ろうとした友だちに対して、「ここを選んで咲いているんだから、勝手に取らないほうがいい」という発言がありました。また、遠足の帰りには、道路に落ちているごみを拾いながら歩きました。「タバコの吸殻が多いね」「こんな大人になりたくないなあ」「お菓子の袋は子どもが捨てたと思うよ」などとつぶやきながら拾っていました。自然とのかかわり方を意識することや、自然を守るために行動を起こすことができ

た場面でした。

国語科「サクラソウとトラマルハナバチ」

　サクラソウとトラマルハナバチは長い年月をかけて互いに利益を得るための共生関係を築いており，それが生態系とつながっている。人間も生態系の一員であり，自分たちの生活と自然界はつながっている。環境問題も自分たちの問題である。姿を消しつつあるサクラソウを保護するなら，サクラソウの受粉の仲立ちをしているトラマルハナバチ，そのトラマルハナバチが子育てをするための巣穴を作ってくれるネズミも守らなければならない。つまり，自然界における生態系を守らなければならない。

　本単元は，こうした筆者の主張を読み取り，自分の考えをまとめるという内容です。人間も生態系の一部であり，自然環境を守ることは生き物や人間を守ることにつながることや，自分たちが今調べている環境問題は自分たちの問題であることがわかりました。

　一方，「今，地球が危ない」の学習では，環境問題について調べたことをまとめていました。森林破壊について調べている子どもの1人は，「ツバルの島が沈んだり，森林が消えたりしているのは，サクラソウがなくなっていくのと同じだ」と述べました。また，陸でも海でも生き物が絶滅しているという事実を知った子どもは，「先生，大変！　あんまりにもかわいそう。地球が壊れてる…」と嘆いていました。子どもたちは，「一ふみ十年」「サクラソウとトラマルハナバチ」の学習を思い出し，つなげた見方をしていました。環境問題への関心が高まり，自然はつながっていることを実感し始めていました。

　そして，作成したポスターを使って発表しました。子どもたちは，「大気汚染が進むと森林破壊につながるし，森林破壊が進むとますます大気が汚れてくる」「森林破壊が進むと，動物のすむところがなくなって，絶滅してしまう」「異常気象は地球温暖化が主な原因といわれている」と述べて，それぞれの問題が互いにつながっていることを指摘していました。また，「今年の夏は猛暑日が多いといわれていることも関係がありそうだ」などと述べて，問題は自分たちにとって身近な問題であることにも触れていました。

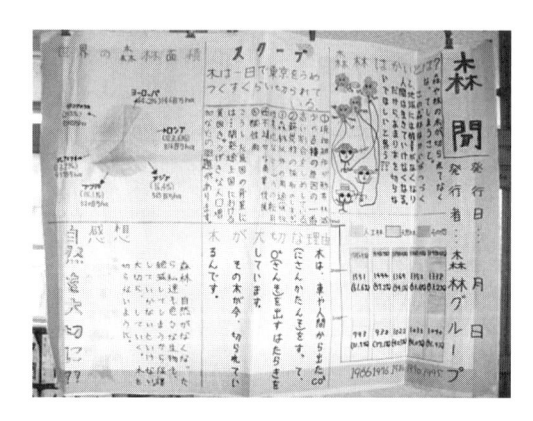

　今，地球で起こっていることを聞き合っているうちに，子どもたちの中に「地球が大変なことになっている！」という危機感のようなものが芽生えてきました。そして，どのグループにも「地球温暖化」がキーワードとして使われていたことから，地球温暖化がさまざまな問題の鍵になるのではないかと考える

ようになりました。

　このことを全校のみんなにも知ってもらうために，児童集会で発表しました。「地球環境について一緒に考えてください」と呼びかけましたが，「こうしたことに取り組んでほしい」といった具体的な提案ができるまでには至りませんでした。子どもたちのなかには，「地球のために何かを始めたい。では，何を？」という気持ちが生じていたようでした。

ふくやまエコファミリーに取り組む

　「子どもたちが取り組めるような活動はないかな…」と探していたところ，福山市環境啓発課から家庭でできるエコ活動に取り組んでみてほしいという依頼がありました。「親子で取り組む環境家計簿　ふくやまエコファミリー」という活動です。わずか3ヶ月の取り組みですが，保護者の協力を得ながら，子どもたちが生活の中で実践できるよい機会であると思いました。保護者にお願いし，早速8月から取り組むことにしました。

　環境家計簿には，以下のような11の活動が取り上げられています。毎日振り返り，できたら〇，できなかったら×とチェックします。環境に対するわが家の傾向がわかるというものです。

・使い終えた電気製品のプラグをコンセントから抜く。
・電灯はこまめに消す。
・水は大切に使う。（出しっぱなしで使わない）
・シャワーは短時間に効率よく使う。
・風呂の残り湯は，洗濯や庭の散水に使う。
・近くの移動は徒歩か自動車を使い，マイカーを使用しない。
・買い物袋を持ち歩き，レジ袋を使わない。
・ポットやジャーの保温をやめ，電子レンジで温め直す。
・家族が同じ部屋で団らん。冷暖房，照明，テレビの省エネ。
・テレビを見る時間やゲームをする時間を決めて，オーバーしないようにする。
・ごみは分別して出す。

　8月の登校日には，「教室のテレビのコンセントを抜こう」と言って，エコ活動を実践していました。子どものやる気を感じて，私もうれしくなりました。教職員も実践しようということで，エコバッグも持つ，差しっぱなしだった携帯電話の充電器のコンセントを抜くなどしました。「地球のためにがんばるぞ！」という気持ちが子どもにも，教職員にもわいてきました。特にこの年は，校庭の観察池がゆだるほどの記録的な猛暑だったので，「地球温暖化を防ぐためにもがんばろう」とい

う気持ちは切実なものでした。

そして2学期を迎えました。8月から9月の途中までの環境家計簿を集計しました。できたこと，できなかったことに分けて付せんに書き出し，表にまとめました。また，できたこと，できなかったことの理由を発表しました。「電灯をこまめに消す」「テレビを見る時間やゲームをする時間を決める」という活動を，「つい忘れる」という理由でできなかったようです。そこで，これらの活動を10月の目標にし，さらに取り組むことにしました。

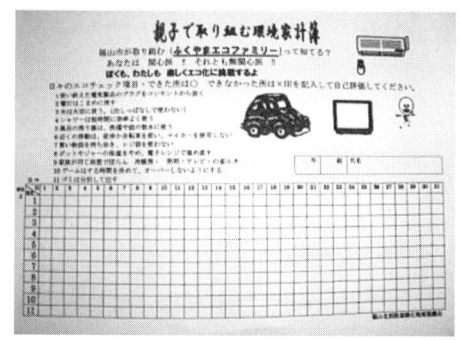

親子で取り組む環境家計簿

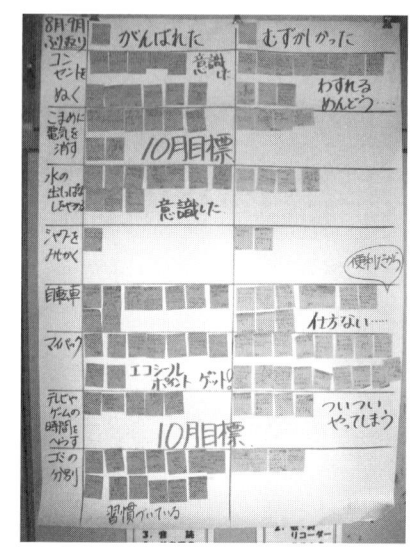

学校TFPに取り組む

つづいて，地球温暖化に焦点を当てた取り組みを始めることにしました。平成17年度から福山市都市交通課と連携して行っているTFP（トラベル・フィードバック・プログラム）です。これは賢いクルマの使い方を考えるプログラムで，自動車交通量の削減と公共交通

環境家計簿の集計

利用者の増加を図ることによって，CO_2排出量の削減をめざす取り組みです。1990年代後半からヨーロッパの国々やオーストラリアにおいて実施されており，日本では2000年代になって札幌市や大阪市などで試行されています。そこで，都市交通課の方をお招きして，地球温暖化の問題とその原因についての説明を聞くことにしました。

まず，地球温暖化の原因は主に大気中のCO_2の増加にあること，温室効果ガスの約60%はCO_2が占めること，CO_2は物を燃やすと発生し，工場や自動車などが大きな発生源であることがわかりました。でも，本当にCO_2に温室効果があるのでしょうか。

これを確かめるために，密閉した容器を用

排気ガスに赤外線を当てると…

5. 今, 地球が危ない！

いて普通の空気と二酸化炭素を多く含む排気ガスに赤外線を当てて，両方の温度の上がり方を調べる実験をしました。結果は，予想に反して，普通の空気の方が高い温度まで上昇しました。都市交通課の方の話によると，このような結果は時々あるとのこと。そこで今度は，赤外線を当てるのをやめた後，温度の下がり方に注目しました。排気ガスの方が明らかに温度が下がりにくいという結果になりました。CO_2が温室効果をもつということが理解できました。

車から出るCO_2は大量です

つづいて，CO_2の排出を減らすための取り組みについて考えるために，ふくやまエコファミリーの活動を振り返りました。電気を作るときには石油や天然ガスを燃やすので，CO_2が発生します。したがって，冷暖房，照明，テレビなどの省エネをし，電気使用量を減らすことは，CO_2の排出削減につながります。しかし，家庭では，自家用車からCO_2を含んだ排気ガスが大量に発生しています。よって，自家用車の利用を控えることが，CO_2の排出削減に大きくかかわります。そこで，これ以降，自家用車の利用の仕方に焦点を絞り，学習を進めることにしました。

学習課題は「家の人の自動車利用の実態を調べてみよう」です。保護者に向けて自動車の利用状況についてのアンケートをお願いしました。アンケートの結果を集計すると，5年生の全家庭の自動車利用によるCO_2の排出量は，1日当たり245kgになりました（下の表に基づいて算出）。子どもたちは，この量を「すごく多い」と捉えていました。二酸化炭素を集めると，こんなに重いなんて…。一方，表からは，鉄道やバスのCO_2の排出量は，車に比べて少ないことがわかりました。公共交通機関を利用することは，CO_2の排出削減につながるということです。

そこで，お家の人に提案しようということになりました。自家用車の利用を控えるための「おすすめプラン」です。バスや鉄道の路線図や時刻表をもとに，これらの交通機関を利用するプランを考えました。また，バスや鉄道の利用が難しい場合もあるので，たとえば「車でのお迎えをやめる」など，車の利用時間を短縮するプランも考えました。「地球のために協力してください」とお願いの手紙も添えました。また，お願いだけでは説

	CO_2排出量
車	94g／分
バス	54g／分
鉄道	14g／分
徒歩，自転車	0g／分

国土交通省交通関係エネルギー要覧，乗り物別CO_2排出量，平成11年による。

得力に欠けるので，「テレビやゲームの時間を減らす」など，子どもたち自身が取り組むことも合わせて書きました。こうした活動は，子どもたちにとって，問題を自分の問題として意識するよいきっかけとなったようです。

> **社会科「自動車とわたしたちのくらし」**
> 　自動車は暮らしを支えるために不可欠であること，また，自動車産業はわが国の最も重要な産業の一つになっていることを学習しました。そして，社会見学では「マツダミュージアム」を訪問しました。「人や環境に優しい自動車」を作ることが，会社の目標として掲げられ，企業努力がなされていることを知りました。

学校全体に取り組みを広げる

　お家の人に「おすすめプラン」を提案した後，自分たちの取り組みをさらに多くの人に広げるためにはどうすればよいかを話し合いました。「家でできることは学校でもできるのでは？」ということでまとまりました。「電灯はこまめに消す」「水は大切に使う」「使い終えた電気製品のプラグをコンセントから抜く」など，ふくやまエコファミリーのときに家で取り組んだことです。「きっと，できる」という気持ちが徐々に高まってきました。

　となると，他の学年に呼びかけなければなりません。学校のみんなが実行することによって，省エネとCO_2の排出削減が進むからです。「1人の100歩より，100人の1歩」が，子どもたちの合言葉になりました。そこで，呼びかける方法について話し合いました。「児童会の生活目標に入れる」「放送や集会で全校に呼びかける」「ポスターを作る」「各クラスに直接お願いに行く」などの考えが出ました。これらはすべてできそうなので，早速，取りかかることにしました。

　「掃除中に雑巾をすすぐときは，バケツに水をくんでからする」「教室に人がいないときは電気を消す」といったことをポスターに描きました。これを他の学年のクラスに持参して，取り組みの説明とお願いをしました。また，児童会の代表委員会にも提案しました。提案に沿って，11月の全校の生活目標は「地球環境を考えた行動をしよう」ということになりました。各クラスで重点的に取り組んでもらうことができました。校内のみんなに伝えていくことで，仲間を増やすことの楽しさや難しさを感じるとともに，その大切さがわかりました。

地域に取り組みを広げる

　11月の学習発表会では，保護者や地域の人に向けてCO_2の排出削減を呼びかけました。発表会後のアンケートでは，「環境発表で5年生が力を入れて取り組んでいるのがよくわかりました」「私たちもできることから一つずつ取り組まねばと思いました」といった感想をいただきました。子どもたちからは，「やってよかった」「もっとがんばろう」という声が聞こえました。

　また，同じ頃，「もっと多くの人に伝えよう」ということで，福山市の「バスまつり」に参加しました。発表では，「皆様が一つでも取り組んでくださると，とても大きな輪に広がります」と締めくくりました。「地球のためにCO_2を減らす仲間を増やそう」という意欲がいっそう高まっていきました。

（3）授業づくりを振り返って

　本単元の学習を通して，環境問題は自分たちの身近な問題であり，必ず解決していかなければならない問題であることを考えることができました。また，「ふくやまエコファミリー」や「わが家の自動車プラン」などの取り組みでは，自分たちが出しているCO_2の量や削減した量を数値化することで，CO_2の問題をより具体的に実感することができました。

　子どもたちは，自分たちもCO_2を減らすことができたことや，自分たちの呼びかけに多くの人が応えてくれたことに喜んでいました。学習の達成感を得ていたようです。今後は，これらの取り組みを一時的なものにせず，日々意識しながら生活することが大切です。子どもたちが継続できるように，機会を捉えて促していきたいと思います。

（4）全国バスサミット「今，地球が危ない！」の発表

僕たち，駅家西小学校5年生は，総合的な学習の時間に環境問題について学習しています。その学習の中で，今，地球が温暖化しているという深刻な問題について考えています。

これは温暖化によって起きている世界中のさまざまな現象です。気温の上昇により，スイスの氷河は融け出しています。海水温の上昇により，サンゴが死んでしまったり，海水面の上昇で沈んでしまったりする国さえもあります。

日本でも同じように，台風がひんぱんに上陸するなどの気象の変化が見られます。また，海水温の上昇により，南方系の魚が日本の近海の魚を食べ尽くすなど，長い年月をかけて築いてきた魚の生態系を脅かしています。

私たちの住んでいる福山市はどうでしょうか。この表を見て下さい。これは，広島県内の年平均気温を表しています。僕たちの住んでいる福山の平均気温はこの30年間で1.6度も上昇しています。

平成11年に比べ，1等米の獲れる割合が62％から7.9％に落ちていることが，JA福山さんへの調査からわかりました。また，ぶどうも色付きが悪くなるなどの被害が出ていることもわかりました。

これらのことから，地球温暖化は，私たちのすぐそばまで確実に進んでおり，深刻な問題であることに気付きました。

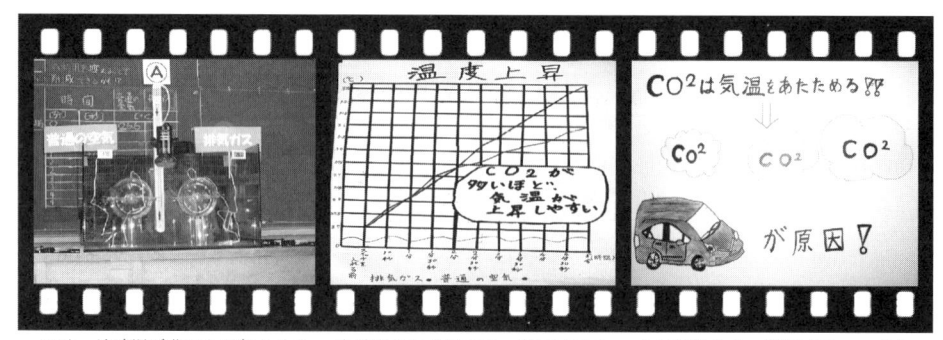

では，地球温暖化はなぜ起こるのでしょうか。その原因を探るために，普通の空気と排気ガスを赤外線に当て，どのくらい温度に違いが出るか，実験しました。

実験開始5分後には，排気ガスを入れた容器の中の温度が普通の空気を入れた容器の中の温度よりも1.5度高くなっていました。

この結果から，排気ガス，つまりCO_2は，温度を上昇させる効果があることがわかりました。そして，CO_2を大量に排出するもの。それは私たちの身近にある車です。

5. 今，地球が危ない！

環境

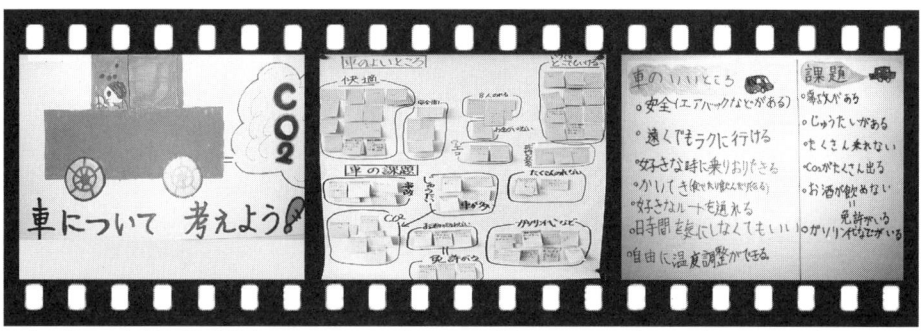

私たちは，地球温暖化を防ぐため，まず身近な車について考えていくことにしました。

これは，車について考えていくために，車のよさと課題を出し合い，話し合ったものです。

整理したものが，この表です。やはり，車はいつでもどこでも行けて，快適で大変便利のよい乗り物であるという考えを，みんなもっています。

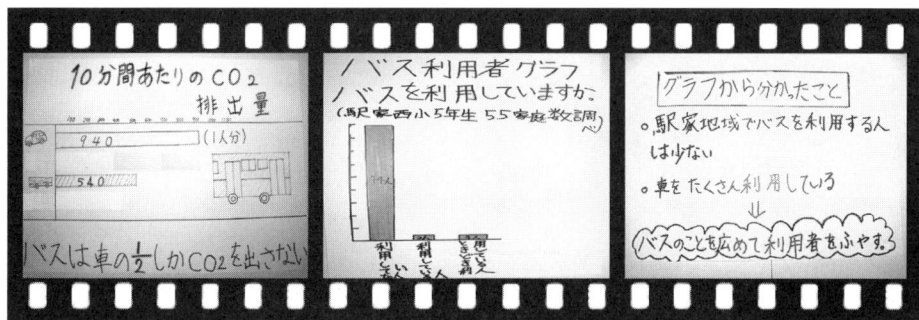

1人で車に乗ると，10分間に約940グラムのCO_2を排出します。では，バスはどうでしょうか。バスのCO_2の排出量は，540グラムです。車の約半分の排出量です。

これは駅家西小学校5年生の各家庭のバスの利用状況を表したものです。55の家庭で，バスを利用しているのはわずか4つの家庭でした。

私たちはバスについて調べ，バスのことをもっとみんなに知ってもらい，バスの利用者を増やしていこうと考えました。

私たちはバス会社を見学しました。

学校からバス停まで歩きました。このバス停の位置は，車の少ない安全なところと家の多いところに作られていると知りました。バス会社に着くと，バスの中を見せていただきました。

バスの中には，工夫がたくさんありました。まず，バスの入り口には段差をなくすスロープがありました。

89

第2章　ESDを広げる

車椅子を固定させるシートベルトもありました。障がいをもっている人でも安心して乗れる工夫です。

環境に優しい工夫もあります。バスが止まっている間に，エンジンを止めるアイドリングストップです。

また，私たちは，福山市内中心部のバス利用と「まわローズ」について調べました。バスの中や福山駅前で，お客さんにインタビューしました。

バスは好きなところにも行けるし，お金もあまり高くないから便利，という意見がありました。福山市中心部は，私たちの住む北部地域よりも，上手にバスを利用されていることがわかりました。

私たちの学校の前のバス停には，ベンチや屋根がなかったので，すべてのバス停にベンチや屋根が付けばいいなあと思いました。

「まわローズ」は車体が低く，入り口の段差がありません。お年寄りや小さな子ども，車いすを利用されている人も安心して乗ることができます。小型のバスで，CO_2の排出量も少なく，環境に優しいバスです。

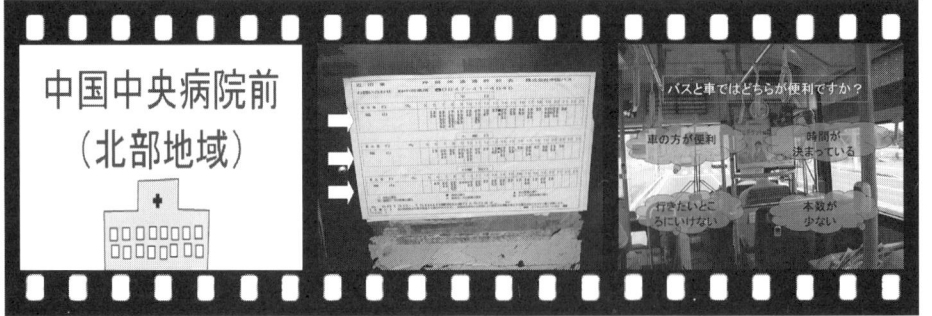

最後に，私たちたちは，北部のバス利用を調べるために，北部地域のバスの中継地である中国中央病院までバスで行きました。

バスの便数は，平日15本，土曜日15本，日曜日は10本でした。日曜日は出かける人が多いはずなのに，便数は少ないのは，やはり車の利用が多いからなのでは，と思いました。

バスと車ではどちらが便利かと尋ねたところ，「車の方が便利」という人が多かったです。理由は「バスは時間が決まっている」「自分の行きたいところの近くまで行けない」ということでした。

90

5. 今，地球が危ない！

環境

これは北部地域の大型ショッピングセンターです。駐車場には，100台を越すほどの車が止まっていました。やはり，私たちの地域では，車の利用の方が多いように感じました。

私たちは，これらのバス調べの学習をもとに，バスのよさと課題をグループで整理していきました。

バスのよさとして，環境に優しいこと，いろいろな人に優しいこと，たくさんの工夫があるということに気付きました。

しかし，課題として，運賃が高い，座席が少ない，便数が少ない，時間が遅れる・合わない，快適でない，行きたいところに行けない，利用者が少ないという問題点を感じました。

バスにはいろいろな工夫がされており，みんなが利用すれば環境によい乗り物です。しかし，このままでは，便利な車に負けてしまいます。

私たちは，バスの利用者を増やすために，バスの課題をもとに解決策を考えていきました。

みんなで，どのようなバスになれば魅力的で，バスの利用者が増えるか，考えを出し合いました。

そして，実現できる可能性の大きいものから小さいものに分類し，まとめていきました。

91

第2章　ESDを広げる

このとき考えた私たちのアイディア65個を，このようなパンフレットにしました。いつも授業でお世話になっている環境整備の先生方に作っていただきました。

「お得なバス」
「いろんな要望をかなえてくれるバス」

「人に優しいバス」
「地球に優しいバス」

「安全で快適なバス」
「乗って楽しい，待って楽しいバス」

ここでバス会社のみなさんへ。駅家西小学校の5年生からの提案です。

このランキングを見てください。これは，駅家西小学校5年生の保護者の方に，パンフレットのアイディアの中から，「こんなバスなら利用したい」というものを，2つ選んでいただき，集計したものです。

1番多かった意見は，割引カード・ポイントカードなど，バスに乗るとお得になるものに魅力を感じるようです。大型ショッピングセンターとバス会社が協力し，お得なポイントカードを発行すればどうでしょう。

これは世界を走る環境にやさしいバスです。アメリカでは水素バス，ドイツでは連結バス，そして隣町の尾道では天然ガスバスが走っています。環境に優しいバスに変わっていけばいいなあと思います。

また，このランキングには入っていませんが，私たちのおすすめのアイディアを提案します。「びんご瀬戸内観光バス」です。たくさんの名所が福山にはあります。

5. 今，地球が危ない！

環境

神辺本陣，管茶山先生の旧邸，明王院国宝五重塔，鞆の浦，国指定史跡二子塚古墳をはじめとする駅家古墳群。これら歴史的な名所をつなぐ観光バス路線でお客さんが楽しく便利にバスを利用できるのではないかと思います。

ぜひ，私たちのアイディアを採用していただき，これから利用者が増えるとうれしいです。

私たちは，バス会社さんだけにお願いするだけでなく，自分たちもバス利用者を増やす取り組みをしなくてはいけないと考えました。

私たちにできる取り組みとして，環境ポスターを作って，バスの利用を呼びかけたいと考えました。

福山市役所都市交通課の方に，環境ポスターをバスに貼っていただけないかとお願いをしてみました。

このお願いを快く受けてくださり，福山市中心部しか運行していない「まわローズ」が私ちの駅家西小学校に来ることになりました。

「バスの利用者をもっと増やしたい」という思いを込めて，まわローズの運転手さんにポスターを直接手渡すことができました。

まわローズのバスの中に貼っていただきました。このポスターを見て，地球環境のためにバスを利用しようと考えてくれる人が増えるといいです。

また，学校のみんなにも，まわローズのよさを知ってもらおうと，まわローズの工夫点を発表しました。

第2章　ESDを広げる

バスの利用者が少ない私たちの駅家でも，バスの利用を呼びかけるためのポスターを貼っていただくことができました。

これは福山市にたくさんの店舗があるスーパーマーケット「ハローズ」です。

ハローズの店長さんにお願いをしました。

ハローズの掲示板にポスターを貼っていただくことができました。

また，中国中央病院にも，ポスターを貼っていただけることになりました。多くの人がポスターを見て，たくさんバスを利用してほしいと思います。

最後に，私たちは，お願いだけでなく，自分たちもバスを利用してみよう思っています。休みの日に，車の利用を控えてもらい，バスを利用して出かけました。

56人中26人がバスを利用し，車を利用したときより約2,300キログラムのCO_2を削減できました。これをテレビの視聴時間にすると167時間，日にちにすると約6日間のCO_2排出量と同じになります。

自分たちがわずか1回実行することで，こんなにも多くのCO_2を削減できることを知りました。「1人の100歩よりも100人の1歩！」

みんなが環境のために優しい行動をすることで，私たちの地球を守っていきたいと思います。バス会社のみなさん。地球のために一緒にがんばりましょう。

5. 今，地球が危ない！

駅家西小学校 5 年生が考えた バスの利用者を増やすための アイデアボックス

■▲○●■▲○●◆

お得なバス

- おもしろ割引をする
  - 割引券をつくる（乗れば乗るほど安くなる）
- 学生割引
  - お年寄りや学生は半額にする
  - 運賃が安くなる日をつくる（半額デー、メンズデー、レディースデー、ラッキーセブンデー）
  - 1日1回ある○○の人が割引対象

乗ってお得！
- 乗ったら無料サービス券がもらえるようにする
- 合言葉を言えば半額になる
- ポイントカードをつくる
- 運賃が高いいみ、サービスをよくする

- 通勤・通学に使いたい
  - 通勤通学用バス
  - 通勤時間帯にバスを増やす
  - 大きい会社前にバス停をおく
  - 駐車場にバス停をつくる
  - バス停に自転車置き場をつくる
- 目的地まで急行したい
  - バス専用道路をつくる
  - 各バス停に止まるバスと、シャトル便をわける
  - 特別ルートを走るバスをつくる
- 自由に乗り降りしたい
  - 大型店や住宅の場所でも乗り降りできるようにする
- その他
  - お酒を飲んだ人のためにナイト便をつくる
  - 喫煙バス（席）と禁煙バス（席）をつくる
  - トイレをつくる

いろんな希望をかなえてくれるバス

■▲○●■▲○●◆

人にやさしいバス

- 子どものために
  - つり革の位置を低くする
  - 漢字にふりがなを書きつける
  - お菓子やアメを配る
  - テレビ（アニメ）を放送する
- 障がいのある人のために
  - 専用バスを走らせる
  - バリアフリーバスを増やす（スロープや手すりをつける）
- 赤ちゃん連れのお母さんのために
  - ベビーカーが入れられるよう、通りや座席、ドアを広くする
- 荷物の多い人のために
  - ノンステップバスにする
  - 案内板や待合のいすを大きくする
  - アナウンスの声を大きくする
  - 近くに何があるか放送する
  - 乗務員さんが座席まで案内してあげる

地球にやさしいバス

- CO2 をなるべく出さない
  - まわりローズのようなCO2 をあまり出さないバスに変える
  - 水素バスをつくる
  - 電気バスをつくる
  - 連結バスをつくる
  - 車体を軽くしてエンジンの負担を軽くする
- 人があまり乗らない路線はバスを走らせる
- バスの中の温度
  - 夏は、窓を全開にしてクーラーを止める
  - 冬は、暖房の風量を少なめにする
- アイドリングストップ
  - すべての信号でアイドリングストップをする

実現されれば、きっと良いバスになるはず！みんなが使ってくれるといいな

■▲○●■▲○●◆

安全で快適なバス

- のりごこち
  - ゆれないバス
  - やわらかい座席
  - 音楽が流れるバス
  - CDを持っていくと流してくれる
  - テレビ（ゲーム）付きバス
  - 乗務員さんの心づかい
  - 寒いか暑いかをやさしく案内して放送で聞く

中には、今すぐ始められそうなものもあるね みんなでバスを良くしていこう

乗って楽しい待って楽しいバス

- 乗って楽しいバス
  - 本を貸し出しする
  - 充電サービスをする
  - 動物のような形にしたり色をつけたり、外の絵をかわいくする
  - 会話やコミュニケーションがうまれるバス
  - 補助席をつくる
  - エンジン音を小さくする
  - 乗った人同士が会話できるように、向かい合った席や回転座席をつくる
- 待って楽しいバス停
  - 屋根やイスをつける
  - バス停に時計をつける
  - 時刻表やダイヤを大きく見やすくする
  - バス停にテレビを掲示し、バスの中に応答を置く
  - 自動販売機をつける
  - 冷暖房をつける
  - 遅れるときの到着時刻が自動的にわかるようにする

環境

トピック　世界を知ろう　アジアの仲間たち

　世界は多くの民族，文化からなり，生活の様式は多様です。国際化の進む今日の社会では，多様な価値観をもつ他国の人々とかかわりながら，自らの役割と責任を果たしていくことが求められます。自国の文化のよさを実感しながら，多様な価値観があることを理解しようとする心，価値観の違いを尊重しながら，助け合える共生の心をもってほしいと考えます。

　子どもたちは「アジア」について，食べ物，スポーツ，場所や遺跡の名前など，さまざまな知識をもっています。しかし，どれも断片的なもので，文化としての共通点や相違点という見方はもっていません。そこで，Live in Harmony（調和して生きる）を合言葉にしながら，学習を進めていきました。

　まず，日本，韓国，中国，モンゴル，インドネシア，インドの6か国について，衣食住，土地や気候，生活習慣，宗教などについて調べました。モンゴルの遊牧民は，羊を血の一滴まで余すところなく生活に生かしていること，インドネシアには断食があること，インドには宗教によって食べてはいけないものがあるなど，自分たちの生活にはない習慣を知ることができました。そして，交流会では，インドネシア出身の方から断食についての説明を受け，その意味を理解することができました。

　それぞれの国の文化は，その国の土地や気候，風土や宗教などと深い関係があります。その中で人は知恵を働かせ，自然と折り合いをつけて暮らしているという点では，どの国の人も共通しているということを理解できました。

学習の足跡

1月　日本とアジアの国々の文化について調べる
　　　「アジア」についてのコンセプトマップを作成する。児童の関心の高い国について，グループに分かれて調べる。
1月　ゲストティーチャーとの交流会を開く
　　　韓国出身の方とインドネシア出身の方を招き，両国の文化について知る。
2月　ポスターセッションをする
　　　グループに分かれ，それぞれ調べたことを伝え合う。
2月　アジアの「衣食住」について話し合う
　　　それぞれの国の文化はその国の土地や気候，風土と関係が深いことや，その中で人は知恵を働かせ，自然と折り合いを付けて暮らしていることを理解する。
3月　アジアの料理を作る
　　　韓国料理の一つであるチヂミを作り，食べる。

5. 今、地球が危ない！

環境

児童の関心の高かったアジアの6ヶ国について

（地図：モンゴル、中国、韓国、日本、インド、インドネシア）

それぞれグループに分かれ生活や文化、気候について調べました

インドネシアには断食の習慣がある

インドでは宗教によって食べてはいけないものがある

モンゴルの遊牧民は羊を血の一滴まで余すところなく生活に生かしている

ゲストティーチャーを招いての交流会

インドネシア出身の女性

インドネシアの断食には胃腸を休ませるということと、食べ物が豊富になかった時代をしのぶという2つの意味があるんですよ

へぇ～

そうなんだ

ポスターセッションを経て…

インドの生活と文化

それぞれの国の生活や文化はその国の土地や気候・風土と関係が深いんだね

その中で人々は自然と折り合いをつけて暮らしているんだね

児童の手紙

先日の国際交流会では、たくさんのことを教えていただきありがとうございました。私はインドネシアの国はいろいろな島からできていて、大きな5つの島に分かれていることにおどろきました。島で、人々の性格が違っているのはすごいと思いました。けっこん式の服は少し派手な感じで、頭のかざりが重いのは大変だけど、写真を見たときは着てみたいなあと思いました。断食は大事な行事で次の日がお祭りということがよくわかりました。たくさんのことがわかってよかったです。
テレマカシー。(ありがとう)

6. 室町文化体験学習
～6年 総合／ESD 多文化・国際理解

（1）室町文化体験学習がめざすこと

　世界には数多くの文化があり、それらはとても多様です。しかし、いずれの文化も、その土地の気候、風土、習慣、言語、宗教などに適した形で発展してきたものです。したがって、いずれの文化にも、他の文化にはない固有の価値があります。私たちは、互いにその価値を認め、尊重することが大切です。そうすることで、世界の人々が共存・共生する社会を創ることができると考えます。

　では、日本の文化にはどのような価値があるのでしょうか。子どもたちは6年生になって、この課題を追究します。社会科で室町文化について学習し、この時代に生まれた文化は民衆の文化として広がり、現代にまで通じていることを理解します。そして、総合的な学習の時間において、室町文化を代表する能楽、茶の湯、琴を体験し、日本の伝統文化の「よさ」に気付いていきます。

　学習を通して、子どもたちは日本の伝統文化に価値を見出し、それを伝承していこうという気持ちをもつようになります。「日本の誇るべき文化を継承するのは自分たち」という意識が芽生えてきます。

　自国の文化を理解することなしに、他国の文化を理解することはできません。自国の文化の特長と価値を理解することによって、他国の文化を見つめる立場を得ることができます。したがって、室町文化体験の学習は、多文化理解・国際理解の基盤を子どもたちに形づくることになると考えます。

● ESDで付けたい力

自律心	思考力・判断力・表現力	責任意識
日本の歴史や伝統、文化に関心をもち、その「よさ」を生活の中に生かそうとする。	伝統文化が受け継がれてきた意味やそれのもつ価値を考え、表現する。	日本の伝統文化としての室町文化を大切にし、文化を受け継いでいこうとする。

6. 室町文化体験学習

● ESD の教育内容のつながり

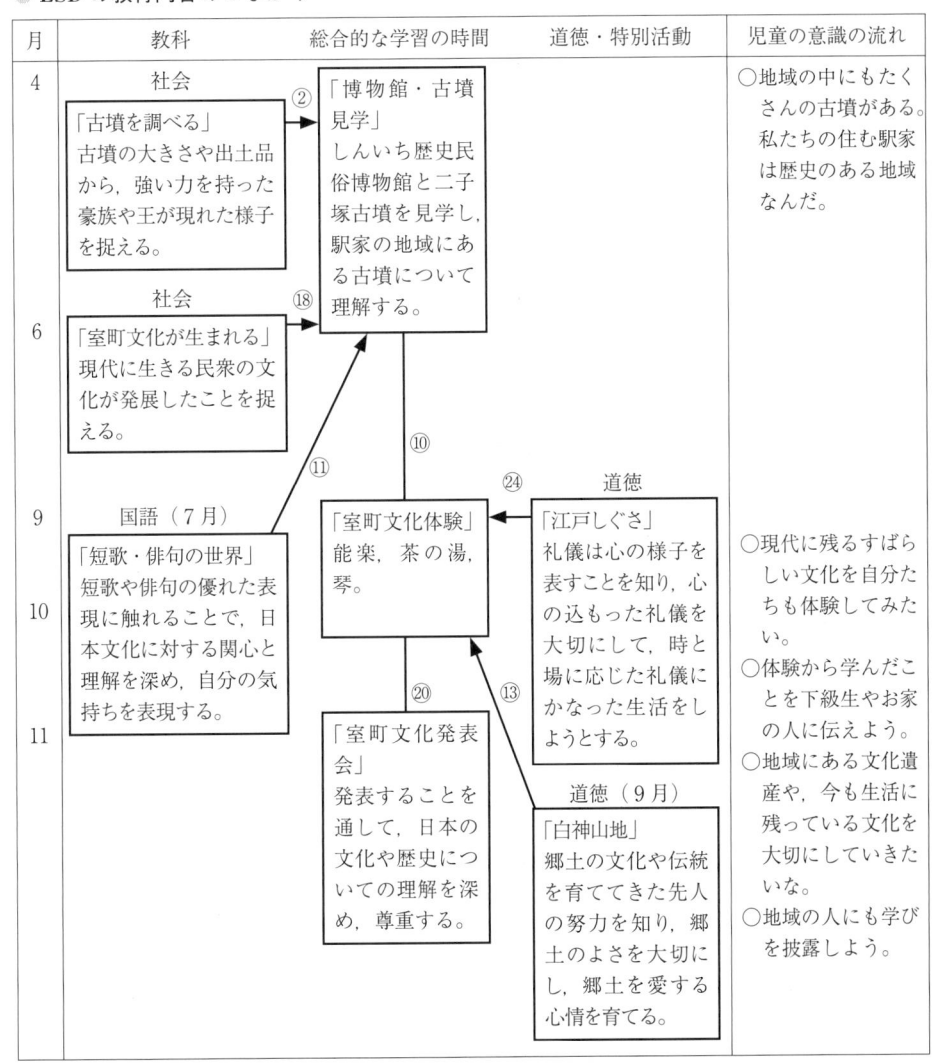

月	教科	総合的な学習の時間	道徳・特別活動	児童の意識の流れ
4	社会 「古墳を調べる」 古墳の大きさや出土品から，強い力を持った豪族や王が現れた様子を捉える。	②「博物館・古墳見学」 しんいち歴史民俗博物館と二子塚古墳を見学し，駅家の地域にある古墳について理解する。		○地域の中にもたくさんの古墳がある。私たちの住む駅家は歴史のある地域なんだ。
6	社会 「室町文化が生まれる」 現代に生きる民衆の文化が発展したことを捉える。	⑱		
9 10 11	国語（7月） 「短歌・俳句の世界」 短歌や俳句の優れた表現に触れることで，日本文化に対する関心と理解を深め，自分の気持ちを表現する。	⑪ ⑩「室町文化体験」 能楽，茶の湯，琴。 ⑳ ⑬「室町文化発表会」 発表することを通して，日本の文化や歴史についての理解を深め，尊重する。	㉔ 道徳 「江戸しぐさ」 礼儀は心の様子を表すことを知り，心の込もった礼儀を大切にして，時と場に応じた礼儀にかなった生活をしようとする。 道徳（9月） 「白神山地」 郷土の文化や伝統を育ててきた先人の努力を知り，郷土のよさを大切にし，郷土を愛する心情を育てる。	○現代に残るすばらしい文化を自分たちも体験してみたい。 ○体験から学んだことを下級生やお家の人に伝えよう。 ○地域にある文化遺産や，今も生活に残っている文化を大切にしていきたいな。 ○地域の人にも学びを披露しよう。

多文化・国際理解

つながりの理由

②	農耕が始まった頃の人々の生活や社会，邪馬台国，各地に作られた古墳を取り上げ，これらを具体的に調べる。各地に支配者が現れ，大和朝廷による国土の統一が進められたことがわかる。ここでは，特に駅家地域に存在する多くの古墳を調べることによって，地域の再発見や2学期の室町文化発表につながっていく。
⑩	茶の湯，琴，水墨画，狂言をボランティアの方から学び，室町文化に関心をもつ。追究してみたい課題として，室町文化を一つ選択する。最終的には選択したものを卒業論文にまとめる。まとめるときには，古墳見学での課題追究の仕方を生かして進めていく必要があるので。
⑪	短歌や俳句は，日本の伝統的な文学ジャンルの中でも，古くから人々の生活に根づき，親しまれてきたものである。作品の一つ一つが，何に目を留め，何に心を動かされて作り出されたのかを考え，味わうことで，日本語の美しさや豊かさに目を向けることとなる。その結果，日本の伝統文化のよさを理解することにつながるから。

⑬	郷土のブナ林を守るための人々の努力や願いを理解する。このことは，自分たちは郷土の文化や伝統を守るために何ができるかを考えていくことにつながるから。
⑱	室町文化に関心をもち，民衆が生きるためにどのような願いをもち，どのような努力をし，暮らしを高めていったのかについて理解する。室町文化は今も受け継がれていることを知り，これを追究しようとする態度を育てることができるから。
⑳	室町文化の体験を通して学んだことを，実際に下学年や保護者に披露発表する場である。相手意識をもった表現力を鍛える機会であると同時に，受け継がれてきた文化を伝承する機会にもなる。また，自分たちの学びや日本の伝統文化のよさを再認識できる機会にもなるから。
㉔	室町文化の茶の湯，琴，水墨画，狂言では，礼儀が非常に大切にされている。礼儀は毎日の生活の中で，みんなが気持ちよく爽やかに暮らすために欠くことのできないものである。お互いを尊重し，人間関係を円滑にしていくために，いろいろな礼儀作法が伝わっている。相手を思いやる気持ちが形として表現されたものが礼儀作法であることを，室町文化の体験を通して，ここで考えることができるから。

「室町文化体験学習」は総合的な学習の時間の単元です。その目標は，次のようになります。

① 室町文化に興味をもち，文化に対する視野を広げる。
② 日本の歴史や伝統，文化のよさについて学び，文化が受け継がれてきた意味や文化のもつ価値を考え，それらを大切にしようとする態度を育てる。

（2）能楽，茶の湯，琴の体験～文化のよさ，文化の価値～

室町文化はなぜ受け継がれてきたのか

　6年生は，例年，室町文化を体験してきました。茶の湯，琴，水墨画，狂言です。今年度は，子どもたちの希望に沿って，茶の湯と琴を学ぶことにしました。また，「子どものための優れた舞台芸術体験事業」（文部科学省指定）により，喜多流大島能楽堂の方々からご指導をいただけることになり，新たに能楽も学ぶことにしました。

　子どもたちは，4，5年生のときに，6年生が準備した茶の湯を体験したり，琴の演奏を聴いたりしています。「6年生になったら室町文化を体験できる」という期待をもって，学習をスタートしました。

　まず，社会科の「室町文化が生まれる」という単元です。室町時代には，それまでの貴族の文化に代わり，民衆の文化が人々に広がっていったこと，その文化は発展しながら現代まで受け継がれてきたことについて学習しました。では，なぜ受け継がれてきたのでしょうか。能楽，茶の湯，琴の体験では，この理由を探っていくことが課題です。

髙田	室町文化が600年以上経った今も，なお受け継がれているのは，なぜだと思いますか？室町文化の「よさ」って何かな？
ゆかり	琴は聞いていてきれいだし，心が落ち着きます。
ひろき	茶の湯はお茶の美味しさや礼儀の大切さを学べます。
けんじ	能は舞う姿がかっこいい。笛や太鼓の音がいいです。
まさなり	そういった楽しいところがあるから，続いたんじゃないかなあ…。
髙田	楽しいだけで，600年も続いたのかな？
ゆみ	600年も続いた秘密がもっとあると思います。
髙田	どうして600年も続いているのか。体験しながら探っていきましょう。

多文化・国際理解

能楽を体験する

能楽について

　能楽は室町時代に足利義満の後援を受け，猿楽から発展し，観阿弥・世阿弥親子によって大成された舞台芸能である。歌と舞と詞とが一つになった音楽劇のようなもので，主役はシテ方，脇役はワキ方，狂言は狂言方という3つのグループに分かれている。器楽の演奏者は囃子方といって，笛方，小鼓方，大鼓方，太鼓方という楽器ごとの専門に分かれている。

　能の演目は，主役の性格やテーマによって，神・男・女・狂・鬼の大きく5つに分類される。また，シテ方の役者が用いる能の面（おもて）は，大別すると翁・尉・鬼神・怨霊・男・女の6種類に分類される。能の舞の型（基本的な動作）は数種類あるが，6年生全員が体験したのは，シカケとヒラキである。

　シカケ…すっと立ち，扇を持った右手をやや高く正面に出す。
　ヒラキ…左足，右足，左足と三歩後退しながら，両腕を横に広げる。

（大島能楽堂の大島先生のご指導内容より）

　福山市在住でご活躍中の喜多流大島能楽堂の大島文恵先生から，6回の指導を受けることになりました。初回（6月22日）は，能楽の歴史，能面・扇・演目・役割などについて説明していただきました。そして，立ち方（体を曲げないようにして，背筋を伸ばして立つ），座り方（右足を引いて，背筋を伸ばしたまましゃがみ，膝をついて，かかとを揃えて，正座をする），扇の持ち方（右手でつかんで，左手で支えるようにしてつかむ）について指導を受けました。

能面は，能の要

　子どもたちは，社会科で習ったとはいえ，能楽に対するイメージがつかめていないようでした。しかし，「羽衣」の演目を舞と謡に分かれて実演していただくことで，自分たちのゴール地点がはっきりしてきました。また，大島先生の演技に圧倒されたようで，「すごいなあ」という憧れを抱いたようでした。

第2章　ESDを広げる

　2回目（6月24日）は，立ち方，座り方，歩き方を復習し，つぎに笛と太鼓の演奏の仕方を学びました。楽器はとても興味深く，楽しみながら学習できました。同時に，笛も太鼓も扇も，自然の命をいただいているものなので，大切にしなければならないということも学びました。ある子どもは，「小鼓は，胴は桜の木で，馬の皮を貼っているそうです。

叩くのではなく，打つ！

動物や植物の命をいただいているので，大切に使わないといけないなと思いました」という感想を書いていました。物を大切にする気持ちは，伝統文化の「よさ」の一つです。子どもたちは，このよさを感じたようでした。

　つづいて3，4回目（7月8日，15日）は，子どもたちが演じる「羽衣」の説明と舞・謡の指導を受けました。舞のグループは，基本の動きである立ち方，座り方，歩き方を練習した後，謡に合わせた舞い方について指導を受けました。一方，謡のグループは，発声練習のあと，「羽衣」の謡をしながら，抑揚や強弱，声の出し方について指導を受けました。

　子どもたちは長時間の正座で大変でしたが，基本的な作法の練習から謡と舞の練習に移ったので，意欲的に取り組むことができました。また，感想にもあるように，練習の始めと終わりに姿勢を正して礼をしたり，姿勢を保っ

すり足！

て舞ったり，背筋を伸ばして腹に力を入れて謡ったりすることを経験し，能のもつこうした作法に「よさ」を感じたようでした。

子どもの感想
　「謡は，音楽の歌と違って，低い声を出し続けないといけないので大変でした。声の上げ下げも，普通の歌と違うので難しかったです。おなかから声を出さないと息が長く続かないので，背筋を伸ばしておなかに力を入れて声を出すことを心がけました。
　「1学期最後の能体験は，すごく楽しかったです。夏休み中も忘れず，舞の練習をしっかりしてがんばります。」
　「今日は初めて舞をしました。ぜんぜんわからなかったけど，何度もグループで練習したり，

6. 室町文化体験学習

先生のアドバイスを受けたりしていると、だんだんわかってきました。途中、先生が『よい姿勢でみんなそろっているから、とてもきれいだね』と言ってくださいました。私は、舞うことに大切なのは姿勢を保つこととみんなの心をそろえることだと思いました。これからどんどん学んでいきたいです。」

そして、5、6回目（9月17日、10月7日）の指導を受けました。舞と謡を合わせた全体練習です。この頃になると、子どもたちは演目の流れを完全に覚えていました。感想には「いろいろなかけ声を入れて、みんなと息を合わせてやりました。謡の人が謡ってくれていたので、『次はこうだ。その次は…』と考えながらできました」と述べていました。

舞と謡の息を合わせる

しかし、舞には流れの中で扇の上げ下げ、扇を開いた後の腕の位置といった細かな動作が合っていない、動きを止める所などが止まっていないなどの課題があり、一つ一つの動作を確実にすることが求められました。また、謡にはしっかりと発声し、みんなの声を合わせることが求められました。

練習を繰り返す中で、謡は舞の動きを、舞は謡の声を意識しながら、次第に気持ちを1つにすることができました。お互いを意識しながら動きや声を合わせるのは難しいようでしたが、みんなで息を合わせながら1つの演目に取り組んだことで連帯感が生まれ、謡に合わせて舞う、舞に合わせて謡うことの楽しさを感じたように思います。能楽の礼儀作法やきびきびとした立ち居振る舞いのよさだけでなく、演技者同士が息の合わせることの楽しさやよさに触れることができました。

茶の湯を体験する

茶道（ちゃどう）について
　茶を点てることを中心とした、日本の伝統芸道。茶道（さどう）ともいい、茶の湯という場合もある。客を招いて、決められた作法によって茶を点てて味わう。茶を飲んで楽しむだけでなく、世話人によるその場の演出、多彩な茶道具、独特の作法、茶室と茶庭の優美さなど、さまざまな要素によって成り立っている。
　8世紀ごろ、遣唐使によって中国から伝えられた茶を飲む習慣が、鎌倉時代に禅宗の寺院などで発達し、礼儀や形式などが整えられた。茶室や道具が整うとともに精神的な面が強調されるようになり、安土桃山時代に千利休が、今のような茶道を定着させた。現在は多くの流派に分かれ、家元が弟子をとって作法を教える家元制度がとられている。

（総合百科事典ポプラディア、ポプラ社より）

多文化・国際理解

第2章　ESDを広げる

　つぎに，茶の湯と琴を体験することにしました。希望に沿って，茶の湯のグループ（38人）と琴（20人）のグループに分かれました。

　茶の湯は，速水流の広恵睦子先生から指導を受けました。初回（8月23日）は，お茶を飲む体験です。先生方がお茶を点ててくださり，飲むときの作法を教わりながらいただきました。また，立ち方，座り方，歩き方（すり足で畳の縁を踏まない），礼の仕方（手を八の字になるようにして着き，背中を丸めないようにして礼をする）を教えていただきました。

正座って，しんどいな…

　子どもたちは，「お菓子が食べられる」「姿勢はよくなるけど，正座ってしんどいな」ぐらいの意識でした。能楽では，その立ち居振る舞いの「よさ」に気付いていました。しかし，動きのある能楽と静かな茶の湯では受けとめ方が異なります。茶の湯の立ち居振る舞いのよさには，気付いていないようでした。

　2回目（9月8日）は，お茶の出し方（礼をし，手前を相手に向けて差し出す），いただき方（隣にあいさつをしていただく）について指導を受けました。お茶をいただくときには，お茶を点ててくれた人だけでなく隣の席の人にも礼を尽くすことに，子どもたちは驚いていました。「礼儀ってすごいなあ」とつぶやく子もいました。茶の湯の「静」のよさを感じているようでした。また，お茶の先生方は，子どもたちの姿勢のよさに驚かれていました。能楽の学習の成果が早速表れているように思いました。

　つづいて3回目（9月13日）は，お茶の点て方（お茶を入れ，泡立てるようにして茶筅を素早く回す）です。もてなす側として，お客様にいかにして美味しいお茶を出すか。また，いただく側として，感謝の気持ちをいかに表すか。感想からわかるように，子どもたちはこうした細かな心配りの大切さに気付き始めたようでした。

もてなす側といただく側

104

> **子どもの感想**
> 「茶の湯の学習を通して，一番大切にしないといけないことは，『誠意をもってもてなす心』であることがわかりました。これは，お茶をしている時だけでなく，普段からも使えることなので，相手を思いやり，誠意をもって行動することが大切だと思いました。」
> 「はじめは正座や作法が辛かったけど，慣れてくると姿勢もよくなったし，気持ちも落ち着いてきました。静かな雰囲気の中で飲むお茶はおいしかったです。」

　4回目（9月27日）は，茶室への入り方（礼をしてから入る）と茶碗の洗い方（ぬるま湯で洗う）です。ぬるま湯で洗うのは，汚れを落としやすくするためと，茶碗を乾きやすくするためということがわかりました。子どもたちは，先人の知恵に驚き，感心していました。また，礼儀作法を教わりながら，今の自分たちの生活の中でも同じようにしていることに気付きました。たとえば，職員室や他の教室に入るときには，「失礼します」と声をかけています。茶の湯と普段の行動とのつながりが見えてきました。

　そして，最後の5回目（10月6日）は，お茶を点て，出し，いただくという一連の流れを復習しました。作法通りの流れを追うだけでなく，いつも相手を意識し，思いやり，行動に移すことを心がけました。茶の湯の文化のよさを確認することができました。また，正しい姿勢や礼儀作法を日々の生活の中で生かしていこうとする気持ちがわいてきました。

　茶の湯の体験を通して，礼儀作法とは相手のことを大切に思う心を表現したものであること，お互いが気持ちよく暮らしていく上で大切なものであること，だからこそ，そうした礼儀作法が今日まで続いてきたことがわかりました。

相手を意識し，思いやる

琴の体験をする

> **箏（そう）について**
> 日本の伝統的な撥弦楽器。「こと」ともよばれる。奈良時代に中国から伝わり，雅楽に取り入れられた。桐材でつくられた長胴の本体に移動できる柱が立てられ，その上に13本の弦が張られている。本体の長さは150〜190cmくらい。演奏するときは，柱の位置を動かして調弦し，右手の親指，人さし指，中指に爪をはめて弦を弾く。箏の種類には，雅楽用の楽箏，室町時代末期からの筑紫箏，江戸時代に発展した俗箏のほか，大正時代につくられた十七弦をはじめとする多弦箏などがある。
>
> 　　　　　　　　　　　　　　　（総合百科事典ポプラディア，ポプラ社より）

福山市は琴の町です。全国で生産される琴の約7割は，福山市で生産されています。女の子を中心に琴に触れてみたいという気持ちをもっていました。

　琴の指導は生田流筑紫会の佐藤多恵子先生から受けました。初回（8月23日）は，去年の6年生が披露した曲を先生が演奏してくださいました。そのあと，琴の演奏法（弦を抑えて半音あげる押さえ，弦を弾いて音を出すなど）を教えていただきました。ある子どもは，「琴の音色を聞いているだけで気持ちが落ち着き，癒される」と述べていました。そして，そのことが琴の魅力の一つで，今日まで受け継がれてきた理由の一つではないかと考えていました。また，教えていただくという謙虚な気持ち，教えてくださる先生を敬う気持ちを表すために，礼に始まり礼で終わるという行動が作法であることを学ぶことができました。

子どもの感想
「授業のはじめに正座で手を着いて『お願いします』とあいさつをしました。礼の仕方がとても上手だとほめられました。新しい奏法で弦を押さえたり，弦を弾いたりして，音を出す方法を教えていただきました。終わりにもきちんと姿勢を正して礼をしました。姿勢をよくすることや礼儀を大切にするところは，能の学習と同じだなと思いました。」

　この後，9月8日から10月6日にかけて4回の指導を受け，「大きな古時計」「踊るポンポコリン」の演奏の仕方を学びました。これらの曲目は子どもたちも弾くことのできる曲として，佐藤先生が選んでくださいました。よく知っている曲を箏曲に編曲したもので，その中に琴のいろいろな奏法が入っています。現代の曲であっても，琴で弾くと，独特の繊

いろんな技法があるんですね

細さや優雅さを感じます。子どもたちは，箏のよさにまた1つ気付いたようでした。

伝える〜学びを発表する〜

　室町文化体験学習のまとめとして，能楽，茶の湯，琴を披露しました。最初は校内の発表会です。初めてお茶を飲む下級生たちに，飲み方を説明しました。「美味しい」と言って飲んでくれる姿を見て，心を込めてもてなすと必ず相手にも伝わるということを実感できました。

　つぎは参観日での発表会です。茶の湯のグループは，お茶を点てる，お菓子を運ぶ，お茶を運ぶ，茶碗を洗うという役割を決め，みんなで協力しながら何十人もの

保護者を接待しました。その際，お菓子やお茶が届いていない人はいないかと気を配ったり，まだお茶を運んでいない友だちを気遣って声をかけ，役割を代わったりするような場面も見られました。相手のことを大切に思い，相手のために動くという「もてなしの心」を発揮できていました。また，琴のグループは，琴のつくりやいろいろな奏法を紹介した後で，「大きな古時計」「踊るポンポコリン」を演奏しました。西洋音楽とは違った日本の音楽独特の繊細さや優雅さを伝えることができました。さらに，能の発表では，見る人聴く人を意識して，一つ一つの動きを丁寧に演じることができました。謡と舞の調和も非常によく合っていました。

　保護者の多くは，子どもたちの堂々とした姿，礼儀正しく振る舞う姿に感心されていました。子どもたちは，そうした感想を聞き，室町文化のすばらしさを改めて感じるとともに，自分たちが大切に伝えていきたいという気持ちを強くもったようでした。

> **子どもの感想**
> 「学習発表会では，地域の方に能を披露しました。初めて能を見る人が多く，『堂々としていたね』『初めて見たけど，背筋を伸ばして優雅に舞っていたよ』『難しい言葉をよく覚えて謡っていたね』と声をかけられ，がんばったかいがありました。」
> 「発表会にはとてもたくさんのお客様がいて，びっくりしました。でも，そのおかげで，『もっとがんばろう。日本の文化を伝えるぞ！』という気持ちが強くなりました。能の舞は練習したときよりもきれいに舞えました。謡の人の声もいつもより迫力があってとてもよかったです。」
> 「今日の発表会で，お菓子を配ったりお抹茶を点てたりして，おもてなしをしたのが楽しかったです。今日の発表会で室町文化体験は終わるけど，この文化を体験してわかった『人をもてなす心』は忘れないようにしようと思いました。」
>
> **保護者の感想**
> 「抹茶と和菓子をいただき，琴を聞けてよかったです。伝統を語り継いでいくことの大切さを実感しました。」
> 「発表を見させていただいて6年生らしいすばらしい発表でした。お茶を点てていただいて背筋がピンとしてしまうほどでしたよ。」
> 「落ち着いた表情が印象的でした。がんばって練習したんだなと思いました。普段の生活の中で必死になって取り組むことはあっても，『静』の緊張感を味わうことはあまりないような気がします。落ち着いて動く，姿勢よく座る，細かいところまで気を遣うなど，とてもよい経験になったのではないでしょうか。今回のことを忘れず過ごしてほしいなと思いました。」

（3）授業づくりを振り返って

「自分たちも去年の6年生のように室町文化を体験してみたい」というのが，子どもたちの当初の思いでした。4，5年生のときに，6年生から琴の演奏を見せてもらったり，お茶や水墨画を教えてもらったりしていたので，「面白そう」という期待をもっていました。そして，社会科の授業では，能楽，狂言，茶の湯，琴，水墨画についての基本的な知識を得ていきました。

しかし，「室町文化はなぜ現代まで受け継がれてきたのか」という問いには，「面白いから」「礼儀が学べるから」といった程度の答えしか返ってきませんでした。「礼を重んじる」「おもてなしの心を大切にする」といった室町文化の「よさ」を理解するにはどうすればよいか。その「よさ」が受け継がれてきた理由であることに気付くにはどうすればよいか。能楽，茶の湯，琴のプロの先生方の直接のご指導を受け，自分たちの力で発表するまでに高めていく中で，なんとかつかんでほしいと思いました。

どの子も最初の体験を楽しみにしていました。能楽では大島先生の舞や謡に圧倒され，「すごい！」と言って感激していました。しかし，いざ自分がやってみると，礼の訓練や地道な立ち方，座り方の訓練の繰り返しで，「正座がつらいなあ，しんどいなあ」「立ったり座ったりばっかりで，退屈」といった声がもれてきました。明らかに意欲が下がっていました。子どもたちに声をかける私も，「きちんとしなさい。失礼のないように」と形だけの指導になりがちで，舞や謡に集中させるような適切なアドバイスを出すことができていなかったように思います。私自身，能楽についての勉強はしていたものの，子どもの活動を促すような指導は全くできていなかったということです。

しかし，大島先生の指導のもとで，私も子どもたちと一緒に舞や謡の練習を重ねました。その中で，「こうした方がきれいに見えるんじゃない？」「ここで声を大きくすると迫力が出るんじゃない？」というように，私なりの工夫を考え，子どもに伝えるようにしました。すると，子どもたちに前向きな気持ちが出てきたようです。日記には「しんどいけれど，きちんとしているという感じがあっていいなあ」「友だちとそろえてきれいに舞えたら気持ちがいい」「謡の声がそろったらうれしい」といった記述が見られるようになりました。一つ一つの声や動きに気を配って，集中して練習に取り組むようになりました。

そして，お茶や琴の練習が始まると，先生方から「礼の仕方がきれいだね」「背

筋が伸びていていいよ」とほめていただきました。「能をがんばっているからかな」「礼がとても大切なんだ」といったことを感じていたようでした。

　発表会では，下級生や保護者からお礼の言葉をいただいたことで，礼儀やもてなしの心の大切さを実感することができました。やはり，実際に相手がいることで体験は生きてきます。学習の深まりを感じる場面でした。

　伝統文化の大切さを聞くだけでなく，しんどさや辛さも体験をしながら，その大切さを実感しました。自分たちで工夫すべき点を探したりしながら，伝統文化の大切さを学習できたように思います。

　8月の修学旅行では，京都の嘉祥閣という能楽堂を見学しました。能楽師の吉田篤史先生から，「伝統文化を引き継いでほしいのではなく，能で使用する着物を作ったり，能楽堂のような建物を建てたり，扇の紙を作ったりと，能楽一つに携わるたくさんの人がいることを知ってほしい」というお話をいただきました。

　能楽を受け継ぐのは，もちろん能楽を生業とする人でしょう。しかし，誇りある日本文化の価値を認め，礼儀の大切さ，おもてなしの心を尊重する気持ちは，誰にでも受け継ぐことができるし，受け継いでいきたいものです。子どもたちには，そうした気持ちを持ち続けて成長してほしいと思います。

多文化・国際理解

ほっ
がんばったね！

トピック　二子塚古墳フェスタ

　私たちの住む駅家町には，多くの古墳遺跡が散在しています。特に駅家西小学校区にある「二子塚古墳」は，古墳時代後期で西日本最大の前方後円墳です。平成21年には国の指定を受けました。6年生は，昔の文化を知るために，古墳について学んでいます。また，長年にわたり，古墳を大切に維持してこられた地域の方に感謝し，古墳の清掃活動を始めました。

　駅家西学区まちづくり推進委員会の主催により，平成22年10月24日，「二子塚古墳フェスタ」が賑やかに開催されました。福山市内はもとより，遠くは愛媛県からの来訪者もあり，その数は2,000人を超えました。

　5年生は，環境学習の成果発表をしたり，地域の方と一緒に育てた古代米を配布したりしました。

古墳の大きさを実感！

　6年生は，琴の演奏，茶の湯の接待。琴も茶の湯も室町文化学習として学んできています。そして，この日初めて公開された「二子塚古墳」について，現地での案内役を務めました。古墳について学んできた内容をリーフレットにまとめ，来訪者の方々に配布しました。来訪者の方は説明を真剣に聞いてくださいました。自分たちの学んだことの大切さを感じることができました。

しっかりと案内できました

6. 室町文化体験学習

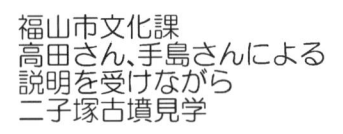

多文化・国際理解

コラム　二子塚古墳を地域の財産として

　二子塚古墳は，広島県を代表とする古墳として1948年（昭和23年）9月17日に広島県史跡に指定され，その後，2002年（平成14年）から2005年（平成17年）までの4次にわたり発掘調査が実施されました。

　2009年（平成21年）7月には国の史跡として指定されたのを機に，地域が誇る財産でもあるこの古墳を，福山市民をはじめとした周辺住民に知ってもらうとともに，この古墳を通して地域住民の駅家町への誇りや郷土への愛着をはぐくむための取り組みを実施しているところです。

　この取り組みにあたっては，2010年度（平成22年度）に「福山市の魅力づくり事業」に事業提案し，採択されて事業実施したところであります。

　その事業の具体については，古墳周辺の環境整備であります。昨年度，荒れていた古墳周辺を町内会役員や小学生などの地域住民で6回にわたり間伐や草刈等を実施するとともに，耕作放棄地を活用した古代米の作付け等を実施したところであります。

　また，この古墳を広く市民等に知ってもらうために，福山市や小・中学校とも連携を図るなかで，10月24日（日）に「史跡と文化の里　二子塚古墳フェスタ」を次の内容で開催したところです。

① 石室の公開・説明（福山市教育委員会文化課）
② 小学校6年生が作成した古墳リーフレットによる現地説明
③ 勾玉づくり・火おこし体験
④ 出土品の展示，古代米等のパネル展示
⑤ 小学校児童による茶席や環境問題への取り組み発表
⑥ 中学校吹奏楽部の演奏
⑦ 古代米で作ったおにぎり・ポン菓子や古代米，とん汁，紅白餅，ばらの苗の配布など

　当日は，あいにくの雨となりましたが，国会議員や福山市長等のご臨席をいただくとともに，多くの市民の方々に参加してもらい盛会裏に終えることができました。

　学区まちづくり推進委員会として，今後とも日常的な環境整備等に取り組んでいく予定です。

　なお，現在，福山市において整備計画を策定中でありますが，この二子塚古墳がまちづくりの視点をもった福山市における観光名所の1つとして，さらに地域住民の憩いの場としての役割が果たせるような抜本的な整備を期待するものです。

　　　　　　　　　　　　　　　駅家西学区まちづくり推進委員会委員長　佐藤公章

第 3 章
ESD を振り返る

1. 子どもたちに付いた力

　本校では，ESDの研究を進めるにあたり，まず，全学年の教育課程を見直しました。そして，各教科・領域等のつながりとその理由を表したESD関連カレンダーを作成・活用し，授業づくりを進めてきました。ここでは，これまでの研究を振り返り，子どもの学力の変容，学習に対する子どもの意識の実態，及び教員に身に付いた力について述べることにします。

(1) 子どもの学力について

　まず，広島県「基礎・基本」定着状況調査（5年生対象，6月実施）の通過率を見てみます。ESDの研究の1年目（平成20年度）と3年目（平成22年度）の結果を比べると，国語科は21.9ポイントと大幅に上昇しました。また，算数科も7.6ポイント上昇しました。

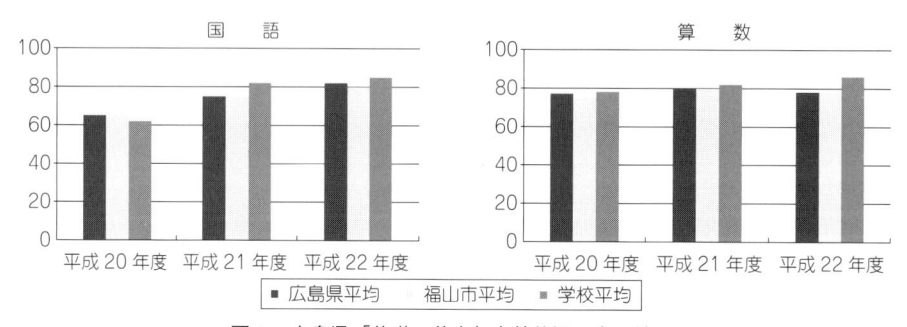

図1　広島県「基礎・基本」定着状況調査の結果

　以上の結果には，教員がESD関連カレンダーを活用し，子どもに付けたい力をつねに意識して指導したことが反映していると考えられます。
　また，ESDの授業では，子どもと教材との出会いの場面を大切してきました。これは，子どもたちの疑問や不思議，追究の意欲を高めることにつながったと思います。さらに，「将来から現在を見つめる」というバックキャストの見方を取り入れましたが，これは子どもたちの自由な発想を広げることや，考えを深めることに有効であったと思います。こうした授業づくりの工夫が，子どもの基礎学力の向上につながったものと考えられます。

（2）学習に対する子どもの意識について

　つぎに，学習に対する子どもの意識について見てみます。平成20年度と22年度，全校児童を対象にアンケート調査を行いました。調査の項目は，①自己実現力・自己効力感，②社会事象への関心・社会体験，③思考力，④学習意欲です。結果は，次のようになります。

将来の夢や目標は，かなうと思う　　　努力すれば，たいていのことはできると思う

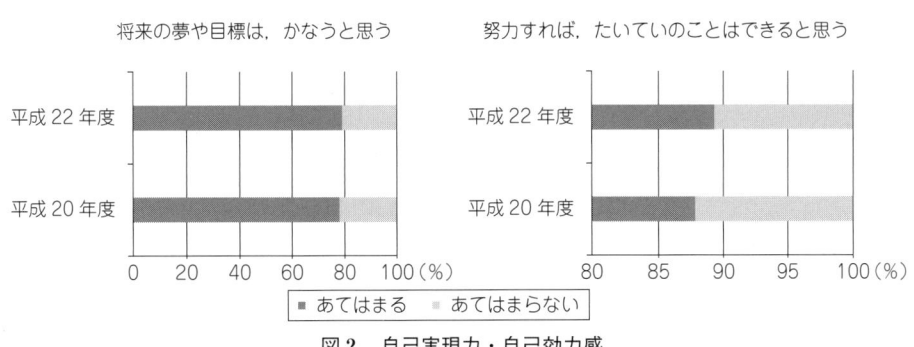

■ あてはまる　　■ あてはまらない

図2　自己実現力・自己効力感

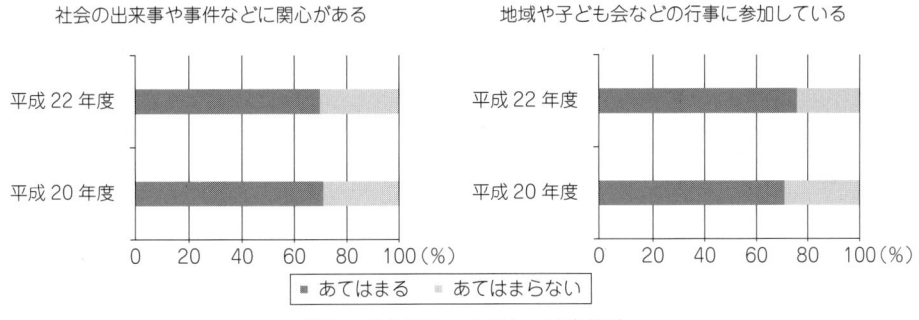

社会の出来事や事件などに関心がある　　　地域や子ども会などの行事に参加している

■ あてはまる　　■ あてはまらない

図3　社会事象への関心・社会体験

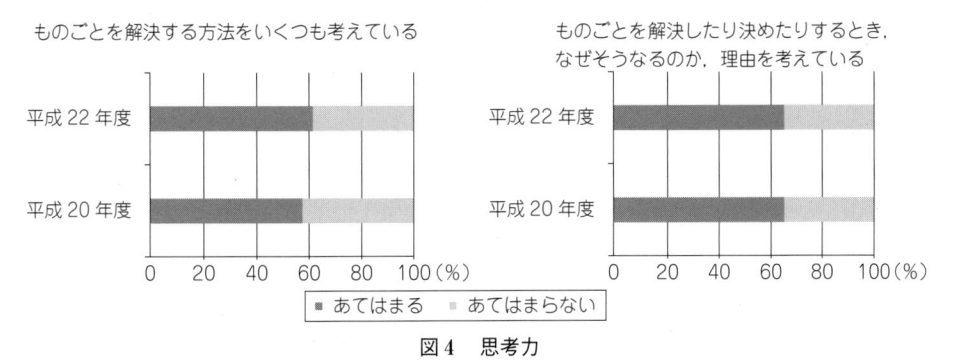

ものごとを解決する方法をいくつも考えている　　　ものごとを解決したり決めたりするとき，なぜそうなるのか，理由を考えている

■ あてはまる　　■ あてはまらない

図4　思考力

第3章 ESDを振り返る

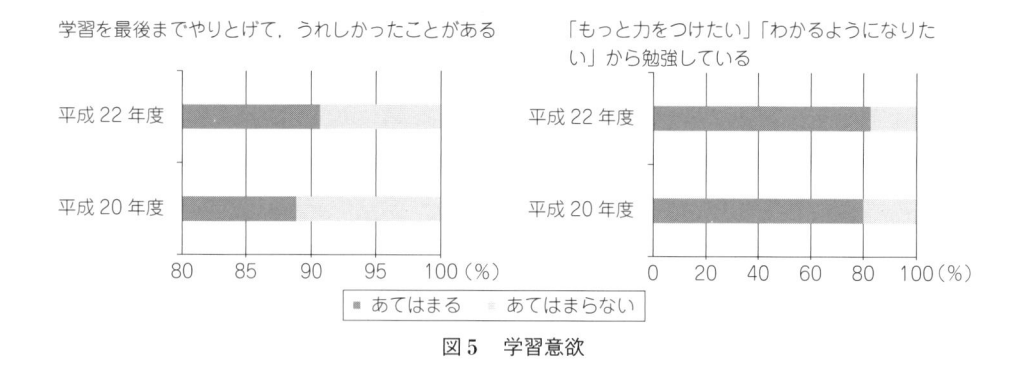

学習を最後までやりとげて、うれしかったことがある　　「もっと力をつけたい」「わかるようになりたい」から勉強している

図5　学習意欲

　図2から、約8割の子どもが将来の夢や目標はかなうと思っていること、9割近くの子どもが努力すれば夢や目標は実現できると考えているのがわかります。また、図3、4から、社会事象に関心がある子どもや、ものごとの解決方法をいくつも考えている子どもは、6～7割程度であるがわかります。さらに、図5から、学習の達成感を得た経験のある子どもや学習意欲の高い子どもは、8～9割に及ぶことがわかります。

　このように調査した項目すべてにおいて、半数以上の子どもが肯定的に回答しています。しかし、図3、4の社会事象への関心や思考力についての結果に見られるように、改善すべきことはまだまだ残っています。

　そこで、今後のESDの授業では、社会体験や自然体験をこれまで以上に大切にして、授業づくりを進めることが求められます。自分の目で見、耳で聞き、肌で実感するといった五感を使った体験活動は、ESDにとって重要です。子どもたちは、さまざまな体験を通して、社会事象や自然事象に関心をもったり、また、「何とかしたい」という思いに駆られ、問題解決の糸口を得ようと、解決の方法を真剣に考えたりするからです。

　たとえば、3年生の「水辺の生き物を育てよう」の学習では、ヤゴを飼育しました。「どんな環境にすればよいか」を調べ、実際に生息している場所を観察し、それにもとづいて飼育環境を整えました。また、「何を食べさせたらよいのか」「それはどうやって手に入れるのか」を調べ、自分たちで何とか餌を確保しました。はじめは餌のやり方のコツがわからず、餌をやり過ぎて、水まで汚してしまいました。その失敗から、いつ、どのくらい、どのように餌を与えるとよいかがわかりました。こうして、自分で考え判断しながら飼育を続け、最後にヤゴがトンボに羽化する瞬間に立ち会うことができました。生命の神秘に感動するとともに、責任を果たしたことへの満足感を得ることができました。

子どもたちは、これから成長していく中で、世界的視野で、あるいは地球的規模で考えなければならない諸問題に直面するでしょう。厳しい問題であっても、何とか解決しようとする意欲と行動力が求められます。そして、その基礎を小学校時代に育てていかなければなりません。体験を通して社会に触れ、自然に触れ、そして人とつながること。私たちのESDの授業は、このことを大切にしながら、さらに進めていきたいと思います。

(3) 教員に身に付いた力について

本校教員に、ESDの研究についてアンケートを取りました（平成23年7月実施）。図6の結果から、研究を肯定的に捉えているのがわかります。

本校の教職員の4分の1は、20代です。学級担任では、半数を占めます。経験に乏しい若い教員も、ESD関連カレンダーを活用することで、教科・

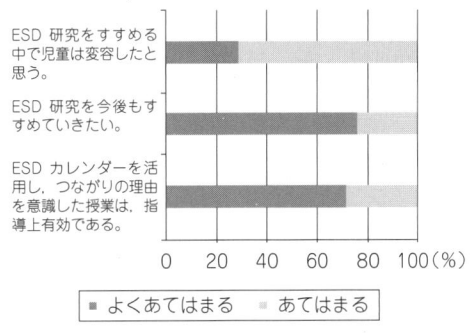

図6　ESDの研究に対する教員の意識

領域のつながりをよく理解できたこと、学習指導の見通しがはっきりしたことを述べていました。ESDの研究は、教員の授業力を高めることになったのはもちろん、教育課程を見る眼を養うことにつながったように思います。

また、ESDの取り組みは、保護者や地域の方にとっても初めてのことでしたので、「ESDとは何か」「ESDでどのような子どもを育てたいのか」ということを、指導者である教員が丁寧に説明することが必要でした。子どもたちの活動の目的を明確にし、それを説明しようとがんばったことで、学校・家庭・地域の連携がこれまで以上に進んだということを、多くの教員が指摘していました。

さらに、ESDで学習したことをさまざまな場で発表する機会がありました。学校内では、児童の学習交流会、保護者や地域の方々を招いての学習発表会、学校外では、バスまつり、古墳フェスタなどにおいてです。発表を聞かれた多くの方々から高い評価を受け、ESDの考え方や取り組みに共感を得たことは、子どもたちだけでなく、教員の達成感につながったように思います。

つぎに挙げるのは、若い教員の感想です。ESDの研究を通して、教員自身が成長している様子がうかがえます。

> 「10年後，20年後の地球のための教育を行っているということから，教育に対する使命感と誇りをもって子どもたちに接することができるようになった。」
> 「各教科と総合，道徳，行事などをつなげて指導したことで，視野を広げて，さまざまな角度からの視点をもって教育活動を仕組むことができるようになった。」
> 「付けたい力から期待する子どもの姿を事前に設定し，評価規準を定めて評価をしていったので，子どもの変容を見取ることが容易となった。」

最後に，今後の研究課題を3つ挙げます。①各学年の子どもたちに付けたい力を再度検討し，より具体的なものに高めていくこと。②上記①に関連し，付けたい力が本当に付いたかどうかを確実に見取ることができるようにするため，その評価手法を開発すること。③各学年のESD関連カレンダーを発展させ，全学年をつないだカレンダーを完成させること。

2. ESDの授業づくりから学んだこと

(1) 子どもたちをはぐくむESD

本の原稿を書くというのは，実のところ大変という思いもありました。しかし，それ以上に，「地球のために書かなければ…」と思って進めました。

放課後はいろいろな仕事があり，なかなか時間が取れません。そこで，職員室のスケジュール表の中に，「出版本原稿書き」という時間を設けました。また，「たまには場所を変えて書くのもよいのでは」という意見もあり，金曜日の夜から土曜日の昼まで，ある施設の研修室を貸し切り，一緒にご飯を食べ，風呂に入り，原稿に集中しました。みんなで時間を共有できたことが，なんだかうれしかったのを思い出します。一つの目標に向かって，職場のみんなが本音で話し，行動できるということ。この感覚はとても心地よいもので，「これってESDなんじゃないの？」なんて感じることもありました。

折しも，原稿を作成していた2011年3月11日，東日本大地震のニュースが入ってきました。東北地方にはユネスコ・スクール加盟校もたくさんあり，被災された状況が本校にもメールで送られてきました。振り返ってみると，この震災は，今まで何不自由なく過ごしていた私たちに，生活のあり方や考え方について，とても大きな課題を投げかけているように思います。自然とどうつきあい，いかに生きていくのか。地球から問いかけられているような気がします。

2. ESDの授業づくりから学んだこと

　ESDで決してぶれてはいけないこと。それは，私たちが住むこの地球が「持続可能な地球」であるという願いをもつことです。地球は宇宙の一員で，人間は地球の一員です。大気や海，水，大地，森林などの恵みを受け，私たちは暮らしてきました。子どもたちが大人になったときも，そして子どもたちの子どもや孫が大きくなったときも，この地球が持続していなければいけません。持続可能な未来を担う子どもを育成するということは，学校の使命です。

　身の回りには，さまざまな問題があります。問題を解決するには，意見の同じ人だけでなく，意見の違う人ともつながり，対話・協働することが求められます。そのときに，自分が知らなかった考えや価値観に気付いたり，自分のよさや友だちのよさに気付いたり，人の役に立つということを実感したりできるのです。そうした経験が，自分の成長を実感する子ども，未来に対して責任ある生き方のできる子どもを育てていくように思います。

　私たちのESDの授業では，バックキャスト（将来から現在を見つめる）の見方を取り入れています。「将来，こんな町になってほしいな」「未来は，どんなことがかなえられる地域だったら素敵かな」「自分が大きくなったとき，どんな地球だったら

　　ある日のこと，3年生の男の子が，授業中に教室の近くの階段に座り込んでいたよ。そこに，大戸先生が通りかかったんだ。
「どうしたの？」
「勉強なんかしたくない。いやだ！」
「そうかあ。友だちとけんかでもしたの？」
「…。けんかはしてないよ。」
「体がしんどい？」
「…。勉強なんかしたくない。いやなんじゃ。」
「ふーん。そうなの。じゃあ，なんで，みんなみんな，勉強をしているか，知ってる？」
「うぅん，知らない…。」
「この地球にとって，○○くんは大切な人間なんよ。あなたが大きくなったとき，地球のためになる仕事をするために勉強するんよ。」
「えっ？　地球のために勉強するん？」
「そう。この地球のためにね。お父さんやお母さんのためでもないし，お金持ちになるためでもない。この地球が喜んでくれるように，そんな仕事ができる人になるために勉強するんよ。」
「うん。わかった！先生。ぼく，勉強するわ。」
　　こう言って男の子は教室に戻って行ったよ。きっとこの子は，自分の中で納得したんだね。地球のためにがんばるってことを。
　　なんだか，ESDを感じるね。

いいかな」といった課題を設け，将来のあるべき姿を考えるところから学習を始めています。そして，「今できることは何だろう？」「こんなことができそう」という思考を大事にしながら，課題解決の学習を進めています。

子どもたちに感じてほしいこと。それは，未来は明るく，夢があるということです。もちろん，現実の世界はつらいこと，厳しいことも多く，そうは感じられないかもしれません。しかし，未来は自分たちが拓いていくものです。このことを信じてほしいと思います。

本校のESDの取り組みは，決して特別なものではありません。手探り状態の中で，みんなの知恵を出し合いながら，できるところから進めてきた実践です。本格的なESDの研究は，これからです。持続可能な地球，持続可能な社会の実現に向けて，さらに努力していきたいと思います。

（2）ESDと算数のつながり

平成23年2月，ESDの2回目の公開研究会をしたときのことです。岡山県のある先生から，「算数でESDを教えることができるのですね」という感想をいただきました。ESDと聞くと，多くの人が環境教育や国際理解教育を思い浮かべられることでしょう。算数でESDの視点を取り入れているのを意外に思われたのは，当然のことと思います。

持続可能な社会の担い手を育てることは，学校の使命です。ESDは，現在においても，将来においても不可欠です。それゆえ，総合的な学習の時間や特別活動などでの学習だけでなく，教科の学習でもESDの考えを浸透させていくことが求められます。

算数科をはじめとする各教科でも，ESDの視点を取り入れた授業づくりを進める。「自分と学びとのつながり」「学びの内容のつながり」「自分と他者とのつながり」という視点を授業に反映させ，子どもの学ぶ意欲を引き出し，学びを楽しむ子，学びを自分たちの生活の中に息づかせることができる子を育てていくことが重要です。

特に算数科では，「間違いを大切にする」「考える過程を大切にする」といった自分の学びを大切にすることや，自分と友だちとの「学び合いを大切にする」ことが，「わかった」「できた」を実感する子を増やすことになります。また，わかる子が理解の筋道を説明する。わからない子がわからないことにこだわり，わかったときに説明できることを大切にする。これらを大切にすることで，「わかる喜び」を実感させることにつながります。子どもたちが算数に意欲をもって取り組み，自分たち

の力で問題を解決することができたとき，ESD の考え方に合致することに気付きました。

　　　　　　　　　＊　　　　＊　　　　＊

　わたしたちは，改めて，問題解決学習の意義について学びました。
　その学びは次の5点です。
① 21世紀を生き抜くための4つの能力（能動的で創造的な能力，異なった意見を統合できる能力，判断・推理する能力，簡潔に表現する能力）を育成するには問題解決学習の充実が大切であること。
② 問題解決学習のねらいは，予想・見通しをもつことの大切さ，そしてしっかりとした根拠をもとに結論を見出す態度・能力を養うことにあること。
③ 問題解決学習は，問題解決の仕方を身に付けることだけに，その重要性があるのではなく，「考えるべき問題を自分で提起し，その解決をし，検討・振り返り，新たな問題を提起する」その連鎖によって，思考を深め，発展的・創造的な活動ができるようにすることにあること。
　　これは新学習指導要領が謳う，「算数的活動」の意味するところと同じであり，そのためには，児童に「疑問の目をもつ」態度を育成することが大切であること。
④ 問題解決学習の根本は，「教えたいこと」を教えない，教えたいことは児童自らに「学びとらせる」ことにあること。そのためには，しっかりとした単元観（教材観・児童観・指導観）をもつことが大切であること。
⑤ 問題解決学習は児童一人一人を生かす，児童一人一人の自立に向け，「どの子にも光がある　光を見出していく」営みであること。

　福山市では，学年の系統性，単元構成のつながりを意識し，児童にその単元で何を学ばせるかを明確にするために，「単元を通しての学習指導案」をどの教科においても作成することになっています。児童を指導するために一番大切なツールは，学習指導案です。学習指導案は指導者が児童に教えたいことの道筋を書いたシナリオです。しかし，授業となるとなかなか思い通りにはなりません。それ故に，案外とおざなりな指導案になっていたように思います。

　学習指導要領解説をきちんと読み込み，教えたいこと，学ばせたいことを明確にしていたのだろうか。私たちには，この点が大きな課題でした。

　ESD に根ざした算数科で，こういう子どもたちに育てたいという意図がある指導案にし，少しでも「わかった！」と実感する子どもたちをつくるために研修を深

めていきました。

「3年生　かけ算の筆算（1）」（日本文教出版，上巻）16頁の2を例に，その具体について述べてみます。

1　本時の目標　繰り上がりのない（2位数）×（1位数）の筆算の仕方を，既習事項を使って説明できる。
2　評価規準　（2位数）×（1位数）の筆算が，乗法九九などの基本的な計算をもとにしてできることを理解している。（知識・理解）
3　本時の展開　（3／12時間）

　本時の展開は，児童の立場に立って書きます。学習活動一つ一つのステップアップに対して児童一人一人の顔を浮かべ，発言を予測し，きめ細やかな指導上の留意点を書くことが大切で，このことは，複線化したストーリーを考えることにつながり，想定外のことを防ぐことになります。

①「課題把握」の段階です。
（ア）問題提示は，教科書を活用することを基本とします。教科書には問題の答えは記されていても「教えたいこと」は記されていません。行間にあることを認識しなければなりません。また，このことは，予習・復習に取り組む児童を育てることにもなります。
（イ）問題を分析する活動や解決の見通しを立てる活動は，いたずらに仕組まず，むしろ，「質問は？」の問いかけをすることを大切にします。このことは，児童に「疑問の目」を育て，自ら課題を見つける児童を育てることにつながるからです。
（ウ）「めあて」は，必然性にこだわりをもちます。「計算の仕方を考えましょう」のような抽象的な「めあて」にはしないように心がけます。そのためには，児童の"つぶやき"にしっかりと耳を傾けます。「できないといわれる子」は，目のつけどころを教えてくれます。

学習過程	学習内容	指導上の留意点
課題把握	1. 問題を知る。（P.16の2） ななみさんは，1つ23円のボタンを3つ買います。代金はいくらですか。 2. 立式する。 　　23×3	・教科書を黙読させる。 ・机間指導によって，理解の程度を把握するとともに，学習意欲を喚起するために正解には○印をする。立式できない者には，質問することを促しておく。あえて答えは求めさせない。

3. 質問する。 　Q.「なぜ，かけ算にするのかわかりません。」 　A.「1こあたりのねだんの何倍かを求める問題だからです。」	・質問者には挙手をさせ，指名する。 ・質問が出ない場合（立式できない者がいない場合を含む）には，乗法が用いられる場合を判断し，生活などの場面で，適切に用いることができるようにするために，教師の側から問いかける。
4. 筆算の書き方を知る。 ・位をそろえて書く。 　　　　　23 　　　　×　3 　　　　―― 　　　　　69	・加法を筆算形式に書く時，どのように書いたかを問い，「位をそろえて書くこと」を想起させ，乗法も同じように書くことを知らせる。
5. 計算の仕方を考える。 ア．　23 　　×　3 　　―― 　　　69 　　　・まず，3と3をかけて9，その9を，一の位に書きます。 　　　・次に，2と3をかけて6，その6を，十の位に書きます。 イ．　23 　　×　3 　　―― 　　　　9 　　　　6 　　　 15 　　　・まず，3と3をかけて9，その9を，一の位に書きます。 　　　・次に，2と3をかけて6，その6を，一の位に書きます。 　　　・そして，9と6を足して15です。	・各自計算させ，計算の仕方を説明できるようにすることを合わせて指示する。 ・説明を言葉で書くことは，特に求めない。 ・机間指導をし，解き方の類型を把握する。 ・発表者に挙手させ，アの類型の児童を指名する。 ・説明させた後，質問を受けさせる。 ・イについては，教師の経験として取り扱い，説明する。異論が予想されるが，"つぶやき"の中から課題を設定する。次時に設定することも考慮する。 　・6を一の位に書くのはおかしい。 　・かけ算なのに，なぜたし算をするのですか。 　・十の位は空位だから，2をそのまま書くのではないのですか等々。
6. めあてを知る。 6を一の位に書いてはいけない理由を，考えよう。	・めあてをノートさせる。

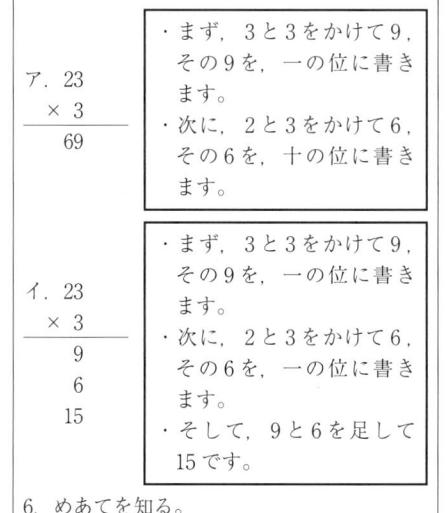

②「自力解決」の段階です。

（ア）多様な考え方をさせるのは，多さを競ったり，技巧をもてあそんだりするものではなく，よりよいものを生み出す契機とすることなので，児童が，少なくとも，2通りの異なる方法によって結果を得たときは，どちらを選ぶかは児童自身の判断に任せ，それに責任をもたせます。そこに，その児童の学びがあるからです。決して，指導者が他の方法や2通りの方法を発表することを強いたりはしません。

（イ）ペア学習を，単なる意見交換の場にしないために，ペア学習を取り入れるときは，「話し手・聞き手」に「評価の視点」をしっかりともたせてペアトークをさせます。したがって，ペア学習を取り入れる段階は固定して考えません。

自力解決	7．自分の考えをノートに書く。 ① 23 × 3 は 69 で，6 を一の位に書いては 69 にならないから。 ・まず，23 を 20 と 3 に分けます。 ・次に，20 × 3 と 3 × 3 をそれぞれ計算して，結果を足します。 　20 × 3 = 60 　3 × 3 = 9 　60 + 9 = 69	・机間指導によって，課題への取り組み状況を把握し，不十分な場合は個別指導をする。 ・複数の理由を追及させることにより，確かな理由を追及させることに力点を置いて指導する。 ・理由が考えられない児童には，教科書（P.16 の②の「れなさん」の考えや P.16 の 2 の①及び P.16 の 2 の②）を参考にすることを示唆する。
	②筆算は，位ごとに計算するから。 　23 × 3 ―― 　69 ・まず，3 × 3 をかけて 9，その 9 を，一の位に書く。 ・次に，2 と 3 をかけて 6，その 6 をそのまま十の位に書く。	
	③ 6 は，十の位の 2 と 3 をかけた 6 で，60 のことだから。 ・前の時間学習したように，23 を 20 と 3 に分けます。 ・そして，20 × 3 と 3 × 3 をそれぞれ計算します。 ・だから，2 × 3 は，20 × 3 の計算をしたことになり，6 は，60 のことになります。	・③については，挙げた例のみならず，2 × 3 が，20 × 3 の計算をしたことになることが明確になる理由ならよい。
	⑩⑩　　①①① ⑩⑩　　①①① ⑩⑩　　①①① 　↓　　　　↓ 　↓　　　3 × 3 = 9 2 × 3 = 6 → 20 × 3 = 60 ・前の時間学習したように，23 を 20 と 3 に分けます。 　　23 　×　3 ――――― 　　9 … 3 × 3 = 9 　60 … 20 × 3 = 60 　69	
	8．ペアトークをして，お互いの考えを交流し合う。 ・自分が考えつかなかった理由を知る。	・交流後，自分が考えつかなかった理由があった場合には，ノートに補充させる。 ・ペアトークは，残余時間の関係で省くこともある。

③「集団解決」の段階です。

（ア）考え方を発表させるときには，つねに簡潔明瞭に話すことを意識させます。

2. ESDの授業づくりから学んだこと

また，聞き手にも聞く視点をもたせます。発表を終え，児童同士の質疑応答が一段落した後に，発表の仕方の模範を示すことが大切で，これは，「教えたいこと」に通じるからです。

(イ)「めあて」とのかかわりをもって，話し合いの柱を決めます。話し合いは，一番よいものを決めるのではなく，アイディアを明らかにしたり，アイディアのもつよさや限界を見つけたり，アイディアを関係づけたり，考えの価値付けをすることを大切にします。そのために，指導者は，事前に児童の反応例を予想し，どういうアイディアであるかの分析に力を注ぎます。

(ウ) 児童の学習を深化させ，理解を確実なものにするためには，誤答や不十分な考えの中に潜んだアイディアを読み取ることが重要です。そのことによって，児童一人一人に自信をもたせ，成就感をもたせることができるのです。

| 集団解決 | 9. 全体で，考えを交流しあう。
・①～③の理由を知る。
・どの理由が，「6を一の位に書いていけない理由」として納得するか話し合う。
★①は，答えがわかっていないときには，説明がつかない。
★②は，6を十の位に書く理由としては，説明不足に思える。(「2と3をかけた6は，十の位の2と3をかけた6」だから，説明がいるのではないか？)
★③は，これまでの学習と結び付いていて，理由がよくわかります。特に，2×3は，20×3のことで，6は，60のことなので，6を一の位に書かないで，十の位に書くことがはっきりわかります。
★話し合いのまとめとして，計算の仕方を確認する。
  23
 × 3
  69
・まず，一の位の3と3をかけて9，9を一の位に書いて，
・次に，十の位の2と3をかけて6，これは20×3のことだから，十の位に書いて69 | ・机間指導により，座席表に考え方を整理し，それにもとづいて，児童を指名し板書させるとともに説明させる。
・質問や意見については，児童同士のやり取りを尊重するが，次の点は十分におさえる。
★①について，結果から方法を類推することは，大切な考え方であること。
★③について，既習事項に根拠をもつことは大切な考え方であること。
★筆算は，位をそろえて書き，位ごとに計算すること。
★十の位の2と3をかけることは，20×3の計算をしたことになること。
・交流後，計算の仕方をノートさせる。 |

④「まとめ」の段階です。

(ア) 練習は，「めあて」とのかかわりをもって取り組ませます。それは，「できる喜び」を生む契機となるからです。

(イ) まとめは，児童の言葉でまとめます。それは，学ぶ楽しさを体感し，算数の

よさを学ぶことになり、問題解決をし、これまで学習してきたこととの結び付きが明らかになったとき「わかる喜び」が生まれ、わかったことをもとに新しいものに挑戦させて「できる喜び」が生まれることになるからです。

ま と め	10. 練習問題をする。 ・教科書（P.17の1　筆算でしましょう。） ①34×2　②12×4　③41×2 11. 本時を振り返る。 ・かけ算の筆算も、たし算やひき算の筆算と同じように、位をそろえて書き、位ごとに計算すればよいことがわかりました。 ・かけ算の筆算は、十の位の数とかける数をかけることは、何十×○の計算をしたことになるので、答えを十の位に書かなければいけないことがわかりました。 ・かけ算の筆算をするときには、計算の仕方を唱えながら計算しようと思います。 ・どんな問題のとき、かけ算を使えばよいのかわかりました。	・各自のノートに、話し合いでまとめたように、計算の仕方を唱えながら計算させる。 ・机間指導によって、正解には○印をして評価する。児童によっては、3問まとめて○印をしたり、1問ずつ○印をしたり、唱え方を確認して○印をしたりするなど変化をもたせ、意欲や自信をもたせるようにする。 ・早く終えた児童には、P.16の②の「れなさん」の考えでも計算できるように指示する。 ・残余時間によっては、宿題として次時に扱う。 ・2，3人を指名する。 ・児童の言葉でまとめる。

　ESDの視点を算数科に取り入れ、「指導学力」を身に付けるべく研修に励み、日々の授業に取り組んだことにより、児童の学力の変化に確かな手応えを感じています。

　これからも、①自ら課題を見つけ…「疑問の目をもつ」、②自ら学び…「見通しを立てる」、③自ら考え…「筋道立てた考え方をする」、④主体的に判断し…「多様的な考え方、簡潔・明確な表現」、⑤よりよく問題を解決する。…「自他の思考の評価」、のような児童を育てるために、授業改善に取り組んでいきたいと思います。

（3）ESDの授業づくりに参画して

　校長先生からESDの研究についてご相談を受けたのは、3年余り前のことでした。「新しい環境教育というテーマでESDの研究を進めようと思っているのですが、とにかく『ESDとは何か』から研修したいのです」というお話であったと記憶しています。研修の事前の打ち合わせには、私の書いた研究報告とユネスコのテキスト：『持続可能な未来のための学習』を持参しました。

　研究報告の題名は、「ドイツの『環境にやさしい学校づくり』の取り組みについて」（「日本科学教育学会研究会研究報告」、17（2），pp.39-42, 2002年.）。ドイツでは1990

年代から環境教育を発展させる形で，持続可能な開発のための教育が進められていますが，その状況を北ドイツ・ハンブルグ市での現地視察をもとにまとめたものでした。報告の「おわりに」では，次のように述べています。

> 「学校は文化体系の伝承と再構成を行う場であり，なおかつ個人の創造性と成長を促す場である。これらは古くからの学校の基本的な機能であろう。しかし，学校が社会を構成する共同体である以上，それは社会の発展とのかかわりを考え，社会の発展に直接的に寄与するような新たな機能が求められるのである。その意味で，ドイツの環境にやさしい学校づくりの取り組みは，学校の機能自体を問いかける，新しい教育運動と捉えてよいだろう。」

この箇所は意気込みをもって書いたのを覚えています。そのくらいESDは大切であるということを，先生方に知ってほしいと思い，これをお渡ししました。

それからもう1つは，ESDの指導者養成用のテキストです。ESDの概要を知るのに適当な本の1つで，多数の活動が紹介されているのが魅力です。この中の「世界の諸問題のつながりを探る」という活動は，「ESDとは何か」をつかんでもらうのにふさわしいと考えました。私は理科教育が専門で，大学の授業では理科教育とESDのかかわりを話す機会がありますが，この活動を実際に行ってみると，ESDへの理解を促すのに効果があったからです。そこで，「研修会でやってみましょう」と提案しました。結果は，本書の第1章で述べたように，ESDの必要性を理解してもらう上でとても有効であったと思います。

＊　　　　＊　　　　＊

ESDの授業づくりは，ESDカレンダーを作ることから始まりました。これはよく知られた東京都江東区立東雲小学校の取り組みです。他方，単元の教育内容をつなぐという取り組みは，ドイツのギムナジウム（中・高一貫普通校）で見たことがありましたので，これはきっとうまくいくと確信していました。

しかし，ESDカレンダーを作成するという作業は，それほど容易ではありません。もちろん，全教科を担当される小学校の先生のことですから，ある教科・領域の内容と別の教科・領域の内容がつながっていることは身をもって感じておられます。しかし，いざ，つながりをきちんと整理するとなると，それはあまりに複雑で一筋縄ではいきません。模造紙を広げて単元名を記したカードをあちこち移動させたり，カードとカードをつなぐ線を何度も書き直したりしていると，時間がどんどん過ぎていきました。

でも，この苦労が新しいアイデアを生みました。せっかくこんなに単元同士の

「つながりの理由」を考えたのだから，それもカレンダーに付け加えるということです。こうして「ESD関連カレンダー」ができあがりました。

ESD関連カレンダーを見ると，ある授業の単元や教材と他の授業のそれらとのつながりを見通すことができます。つながりが見えるというのは，教育課程が見えるということです。このことはESDの授業づくりの基盤となりました。「前に教えたことが，ここで生きてくる」のを実感できるということは，授業づくりの楽しさといえるでしょう。

しかしその一方で，ESDの授業づくりを進めていくと，いろいろと難しい課題にも直面しました。その1つは，子どもに付けたい力は妥当なものか，付いた力を見取るための評価法はどうすればよいか，といったESDの授業の目標と評価にかかわる課題です。前者については，子どもに付けたい力を自律心，思考力・判断力・表現力，責任意識の3つにしぼり，それらの具体的な力を学年ごとに整理することにしました。また，後者については，付けたい力から期待される子どもの姿を想定し，評価規準を定めて評価することにしました。

また，ESDの授業の中心となる総合的な学習の時間や生活科と，理科，社会，国語，あるいは道徳とのつながりはよくわかるのですが，算数とのつながりがわからないという課題もありました。これには「間違いを大切にする」「考える過程を大切にする」といった自分の学びを大切にすることや，自分と友だちとの「学び合いを大切にする」ことが，自律と共生をめざすESDに合致するということで，一応の理解に至っています。

このようにESDを進めれば進めるほど，新たな課題が生じてきました。しかし，課題が生じるということは，研究が深まっている証拠です。課題はまだまだ残っていますが，今後の研究においてきっと解決されると思います。

＊　　　　＊　　　　＊

およそ理論というものは実践を秩序付け，実践の創造を方向付けていきます。他方，実践というものは理論に実体を与え，理論を形成させていきます。ESDの授業づくりを進めるには，ESDの授業の理論と実践が必要になります。そして，理論について考えることは，私にとっての課題でした。

理論は科学的認識です。科学的という言葉の意味にこだわるなら，以下に述べることを理論と呼んでよいのかどうかわかりません。しかし，ESDカリキュラムの3次元モデルとESDの授業づくりの視点（どちらも本書の巻頭と第1章を参照してください）は，実践を通して形成された認識であることには違いありません。

ESDカリキュラムの3次元モデルは、「各学年のESD関連カレンダーを全学年でつないだらどうなるか？」と考えていたときに浮かんできました。つまり、各学年カレンダーはESDの3領域（環境、多文化・国際理解、人権・平和）の観点と各教科・領域の観点から内容が表現されています。これにさらに学年の観点を加えたなら、3次元で表現することになるわけです。

そして、このモデルが「学問」を基盤とする現行のカリキュラムと「社会（持続可能な社会）」を基盤とするESDのカリキュラムを合わせて表現できることにも気付きました。ESDを進めるには、現行のカリキュラムとESDのカリキュラムを共存させる必要があります。モデルは両者を共存させ、整合性のとれた形で表していると考えています。

一方、ESDの授業づくりの視点は、実践が進む中で、次第に明確になってきました。「内容のつながり」という視点は、文字通り、授業内容におけるつながりです。これはESD関連カレンダーを作成した際に、すでに現れていました。

つぎに「自分と他者とのつながり」という視点は、方法におけるつながりです。駅家西小学校がこれまで進めてこられた算数科の授業研究では、ペア学習やグループ学習がうまく取り入れられていました。これは自分と友だちとのつながりを大切にした活動です。友だちだけにとどまらず、学校にいる人、家庭の人、地域の人とのつながりを大切にすることが、ESDの授業では求められます。そこで、授業づくりの視点の1つに挙げることになりました。

そして、「自分と学びとのつながり」という視点です。これは授業の目標におけるつながりです。ESDの授業で学ぶことが自分の生活や自分を取り巻く社会とつながっているということ、あるいはまた、ESDで学ぶことが将来の自分の生き方とつながっているということ。これらはESDを学ぶ意義にかかわります。どうしても挙げるべき授業づくりの視点であると考えています。

＊　　　　＊　　　　＊

それにしてもESDは、私たちにとってどのような意味をもつのでしょうか。若い先生がESDの授業づくりを振り返り、次のように述べておられます。

> 「10年後、20年後の地球のための教育を行っているということから、教育に対する使命感と誇りをもって子どもたちに接することができるようになった。」

ESDは、私たちに、教育に携わる者としての原点を思い起こさせてくれるようです。今後の授業づくりの持続発展の鍵は、この言葉に表現された教師の基本的な姿勢にあると感じています。

第3章　ESDを振り返る

（4）駅家西小学校におけるESDの深化を求めて

　現在，日本においてESDを進めていく上での最も重要な指針は，「国連持続可能な開発のための教育の10年」関係省庁連絡会議のまとめた，『我が国における「国連持続可能な開発のための10年」実施計画（ESD実施計画）』（平成18年3月30日決定，平成23年6月3日改訂）（以下，本節ではESD実施計画とする）です。これは，2002年の国連総会で決議された，2005年から2014年までの「国連持続可能な開発のための教育の10年」というESDの普及に向けて特に積極的に取り組む期間に，さまざまな施策を連携させてどう効果的に実施するのかについての計画を示したものです。

　それによると，ESDの目標は，①すべての人が質の高い教育の恩恵を享受できること，②持続可能な開発のために求められる原則，価値観及び行動が，あらゆる教育や学びの場に取り込まれ，環境，経済，社会の面において持続可能な将来が実現できるような行動の変革をもたらすこと，③これらの結果として持続可能な社会への変革を実現すること，に置かれています。

　ですから，ESDとして行われるすべての活動は，最終的にはこの目標の達成にどうかかわっているのかで評価されることとなります。その際，まず，②に掲げられている，持続可能な開発のために求められる原則，価値観及び行動とはどのようなものなのかについて十分に確認しておく必要があります。また，このためには，持続可能な開発について適切に理解しておくことが大切となります。

　ESD実施計画では，「世代間の公平，地域間の公平，男女間の平等，社会的寛容，貧困削減，環境の保全と回復，天然資源の保全，公正で平和な社会などが持続可能性の基礎となっており，環境の保全，経済の開発，社会の発展を調和の下に進めていくことが持続可能な開発である」とされています。したがって，持続可能な開発のために求められる原則とは持続可能性の基礎を確立することで，持続可能な開発のために求められる価値観とは持続可能性の基礎の確立を重要視する価値観のことだといえます。また，これらのことから，持続可能な開発のために求められる行動とは，持続可能性の基礎の確立に役立つ行動ということになります。

　少しわかりやすく，具体的に言い換えると，たとえば，世代間の公平の実現や環境の保全と回復の実現などが持続可能な開発のために求められる原則，世代間の公平は重要であるとか，環境の保全と回復が重要であるという価値観が持続可能な開発のために求められる価値観，世代間の公平の実現のための行動や環境の保全と回復のための行動が持続可能な開発のために求められる行動，ということになります。

ESD 実施計画では，ESD において取り組むべき課題（＝持続可能性の基礎の確立）は多岐にわたりますが，ESD でめざすべきは，単にこれらの課題についての知識を得ることだけでなく，地球的規模で考え，さまざまな課題を自らの問題として捉え，身近なところから取り組み，持続可能な社会の担い手となるよう個々人を育成し，意識と行動を変革することだとされています[1]。そして，そのためには，人格の発達，自律心，判断力，責任感などの人間性を育むという観点と，個々人が他人との関係性，社会との関係性，自然環境との関係性の中で生きていて，「関わり」「つながり」を尊重できる個人を育むという観点が必要だと指摘しています。

ESD 実施計画では，学び方・教え方についても言及しています。ESD 実施計画で重視している学び方・教え方は，関心の喚起→理解の深化→参加する態度や問題解決能力の育成→具体的な行動の促進という一連の流れで，それらを体験的・参加型アプローチで実践するというものです。その際，指導者は学習者の主体性を重視し，自発的な行動をうまく引き出す役割を果たすことが期待されています。これは，従来の学校教育の中でよくみられた，知識伝達型の一斉講義型の授業形態からの転換をめざすもので，指導方法の変更はもちろん，場合によっては指導者の意識改革も必要となるものです。

さらに，ESD 実施計画では，ESD において育みたい力として，問題の現象や背景の理解，多面的かつ総合的なものの見方を重視した体系的な思考力，批判力を重視した代替案の思考力をはぐくむこと，データや情報を分析する能力，コミュニケーション能力，リーダーシップの向上を重視すること，持続可能な開発に関する価値観を培うこと，参加する態度や技能をはぐくむことを掲げ，これらが学校で学んだ知識の定着と思考力，判断力，表現力，問題解決能力の育成をめざす総合的な学習の時間の目的と重なるため，総合的な学習の時間の充実が必要だと指摘しています。

* * *

ところで，全国の学校で行われている ESD の取り組みは多種多様です。これらは，1人の教員の1時間のみの実践から，学校全体で通年の実践といったように取り組みの組織と取り組みの期間・時間数で類型化することもできるし，各教科での実践，総合的な学習の時間での実践，あるいは教科と総合的な学習の時間を連携させた実践という教科構成から類型化することもできます。さらには，環境教育中心の実践とか，国際理解教育中心の実践などの，主たる学習内容によって類型化することもできます。しかし，「持続可能な開発のために求められる原則，価値観及び

行動を,あらゆる教育や学びの場に取り込む」という ESD 実施計画の ESD の目標に照らしてみれば,学校全体のすべての教育活動においてより質の高い教育が実践されることがめざされていることは明らかです[2]。

　駅家西小学校は,①学校全体で ESD に取り組んでいること,②すべての教育活動を ESD を意識して実践していること,③すべての教員が ESD に取り組み,実践を共有しつつ継続できるように指導案などを定式化する一方で,学習活動自体はルーティン化することなく改善を繰り返しているという点で優れた取り組みだといえます。これは,学校全体のすべての教育活動において ESD を念頭に置いた,より質の高い教育を実践しようとしているもので,ESD 実施計画における ESD の目標を具現化した取り組みといえるのです。

＊　　　＊　　　＊

　駅家西小学校での具体的な教育実践は,生活科と総合的な学習の時間を中心とした多様な体験的学習を柱に展開されていますが,それらが,各学年で他の教科や教科外の教育活動とも意識的に連結され綿密な教育課程が立案されています。一般に,総合的な学習の時間では,同一学年における体験活動が定式化し,どのような教育的効果が得られるのかを十分に意識しないまま活動を継続している例が少なくないとの指摘があります。けれども,駅家西小学校では ESD 関連カレンダーの作成を通じて,ESD の視点から学びのつながりを意識化するとともに,視覚化し記録伝達することに成功していて,それぞれの教育活動の教育的効果について十分な確認がなされているため,体験活動が非常に効果的に進められています。

　駅家西小学校の ESD 関連カレンダーは,東京都江東区立東雲小学校で開発された ESD カレンダーを,教育課程内容の 3 次元モデルの提示と,「つながりの理由」を記載することにより進化発展させたものです。いずれの改善も ESD の観点から各学習間の関連をより明瞭に意識化するのに大きく役立っていて教育活動の充実につながっているといえます。

　3 次元モデルは,学校全体で ESD を意識した教育課程を組織していることをしっかりと意識化することに役立つだけでなく,学年間の学びのつながりを想定した教育課程を構想する基盤となります。「つながりの理由」の記載は,それぞれの学習活動を意識的に連結させることによって,持続可能な開発のために求められる原則や価値観の習得や行動を誘発するためのどのような教育効果が期待できるのかを,あらかじめ想定して単元を開発し授業を実践することを容易にするという大きな効果があります。

さらに，3次元モデルと「つながりの理由」の記載を複合的に活用することによって，小学校6年間を見通してESDにおいて育みたい力を伸張させる教育課程の策定，学年段階に応じた評価基準の設定，教育実践自体の評価等に具体的に活用できるのです。実際に駅家西小学校では，ESDを進める中で最も難しいとされる評価基準づくりに取り組んでいて，それも成果を上げています。

＊　　　　＊　　　　＊

　最後に，駅家西小学校のESDの実践をESD実施計画に照らして再確認し，さらなる深化の方向性を考えてみたいと思います。まず，上述のように駅家西小学校のESD実践は，ESDで身に付けたい力をしっかりと検討し，6年間を通して児童の能力が着実に伸張するような教育課程が組まれていて，ESD実施計画のESDの目標に十分に合致する活動になっていることは明らかです。

　また，学び方・教え方については，関心の喚起→理解の深化→参加する態度や問題解決能力の育成→具体的な行動の促進という学習の流れを，しっかりと踏まえて学習活動が計画実施されています。とくに，各学習活動の導入時に，子どもが課題といかに出会うのかに配慮した学習が計画されていることは注目すべきことです。関心の喚起こそが以降の学習展開の原動力になり，最終的には持続可能な社会をつくるための行動につながるわけですから，課題意識をもたせる出会いをどう設定するのかが非常に大切になります。その際に，駅家西小学校では地域の教育資源を有効に活用し，地域住民，保護者等の協力を得つつ学習を展開していて，地域理解を深めることから世界的課題とのかかわりを認識し主体的に行動できる力を育てようとしているのもESD実施計画と対応しています。

　駅家西小学校のESDをさらに深化させる方向性はいくつか考えられます。まず，ESDで付けたい力についてさらに検討を重ね，児童の能力の向上についてのデータを収集し，よりよい教育実践を求めていくという方向性があります。ただし，評価の細分化や評価頻度の増加は教師側の負担増につながる点に留意する必要があります。ほかには，児童それぞれの主体的な学習をさらに進めていくという方向性もあります。すべての学習活動を児童の主体性に任せて進めていくのは現実的ではないかもしれませんが，子どもによって異なる関心事や学びのきっかけを，いかにとりまとめて学習活動を組織し展開できるのかは教師の腕のみせどころといえます。なお，その際，当たり前と思われることについても再度自分でしっかりと考え，必要に応じて代替案を提示するという批判的思考力を育成することがESDでは求められているということを教師側が十分意識しておくことはとても大切です。このほ

第3章　ESDを振り返る

か，子どものより具体的な行動を促進するという方向性もあります。小学生が自主的に取り組める行動には限りがあるとは思いますが，自分たちの行動によって社会が少しでも変わったと感じられるような成功体験や有用感を一度でも味わうと，それ以降の学びの大幅な深化が期待できます。

　持続可能な社会の実現は1人の力だけでは達成できません。持続可能な社会を求めるつながりの輪，学びの輪を広げるためにも，駅家西小学校のESD実践を継続的に発信し，交流を通して，よりよい学びを追い続けていただきたいと思います。

注及び参考文献
1）開発教育協会のESD開発教育カリキュラム研究会（2010）は，身近な地域的課題の解決を追求することから，身近な課題と世界的な課題とのつながりを認識し，身近な課題を解決するための取り組みが，世界的な課題の解決にもつながるという認識を育て，意識変革を促し，課題解決のための行動を引き出すという学習の流れを理論化するとともに，実践事例を紹介しています（開発教育協会内ESD開発教育カリキュラム研究会編『開発教育で実践するESDカリキュラム——地域を掘り下げ，世界とつながる学びのデザイン』学文社，p.207，2010年.）。
2）永田（2010）は，イギリスにおけるESD実践を紹介し，どの教科でもESDを意識して授業を行う「インフュージョン・アプローチ」と，学校全体でESDに取り組む「ホールスクール・アプローチ」が重要であると指摘しています（永田佳之「持続可能な未来への学び　ESDとは何か」五島敦子・関口知子編著『未来をつくる教育ESD　持続可能な他文化社会をめざして』明石書店，pp.97-121，2010年.）。

付録
ESD 関連カレンダー

ESD関連カレンダー　1年生

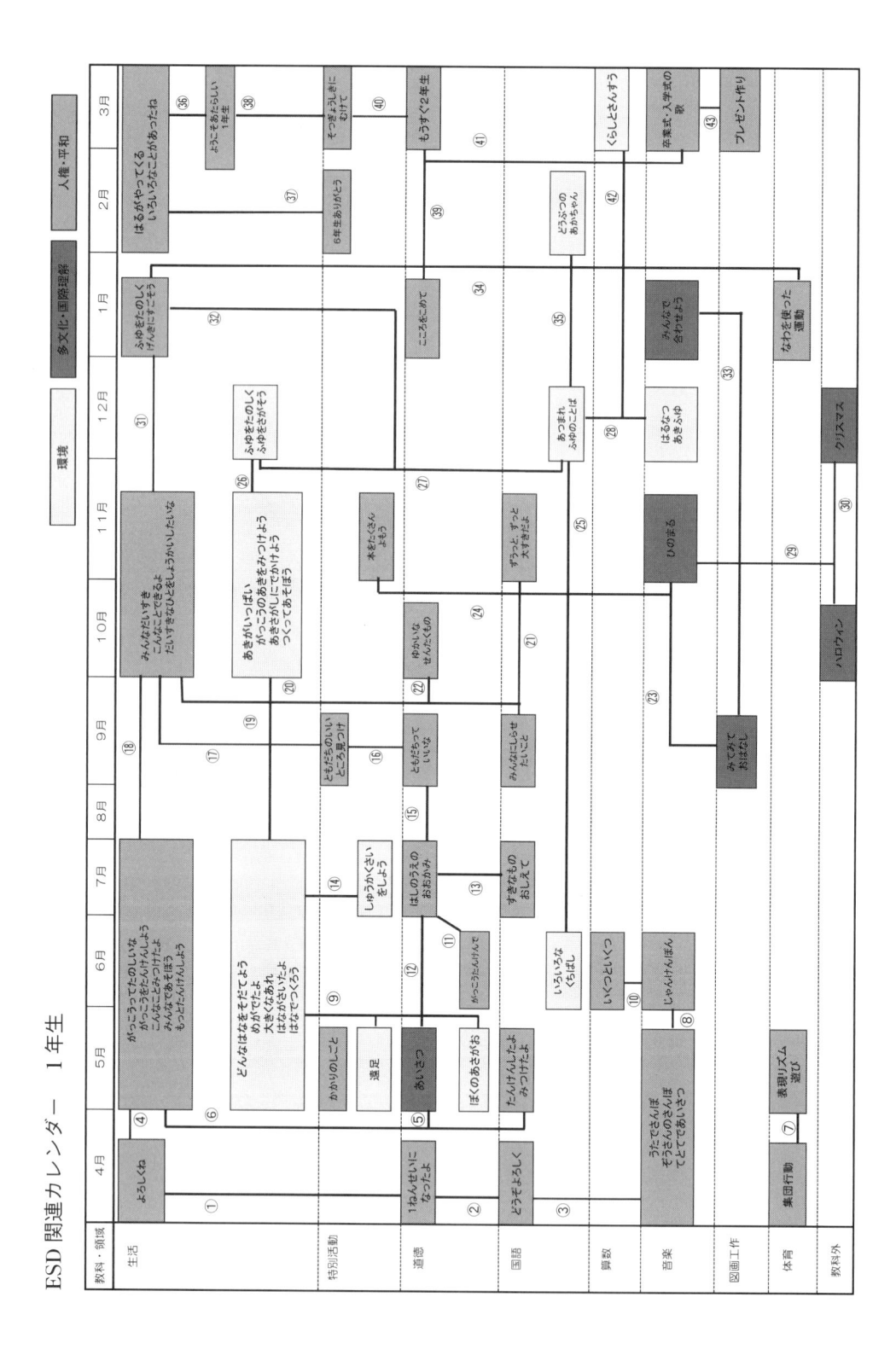

　環境　　多文化・国際理解　　人権・平和

教科・領域	4月	5月	6月	7月	8月	9月	10月	11月	12月	1月	2月	3月
生活	よろしくね	がっこうたんけんしよう　がっこうたんけんしよう　こんなことできるよ　みんなであそぼう　もっとたんけんしよう		どんなはなをそだてよう　めがでたよ　大きくなあれ　はながさいたよ　はなでつくろう			みんなだいすき　がっこうたのしいな　だいすきなひとをふやしたいな	あきがいっぱい　がっこうのあきをみつけよう　あきさがしにでかけよう　つくってあそぼう		ふゆをたのしく　ふゆをげんきにすごそう	はるがやってくる　いろいろなことがあったね	もうすぐ2年生　よろこそあたらしい1年生
特別活動	1ねんせいになったよ	わかりのしごと				ともだちのいいところ見つけ					6年生ありがとう	そつぎょう式にむけて
道徳	どうぞよろしく		えんそく　あいさつ		しゅうかくさいをしよう	ともだちっていいな　みんなのことをかんがえて		ともだちとよろう　ゆかいなせいかつ	あつまれふゆのことば	こころをこめて		
国語		ぼくのあさがお　たけけんしたよ　みつけたよ		はじしゃるものおしえて		みんなにこらせいたい		本をたくさんよろう　ずっと、ずっと大すきだよ			どうぶつのあかちゃん	
算数			いろいろなくろばし　いくつといくつ　じゃんけんぽん									
音楽	うたでさんぽ　そうさんのえんぼ　てとてであいさつ								はるなつあきふゆ	あつまれふゆのひとびと		くらしとさんずう　卒業式・入学式の歌
図画工作	集団行動							ひのまる		みんなで合わせよう		プレゼント作り
体育		表現リズム遊び								なわを使った運動		
教科外								ハロウィン	クリスマス			

136

1年　つながりの理由

①	道徳の副読本にある学校での生活の様子と実際に自分が探検した学校の様子を比べながら話すことで，学校の一員であるという自覚を促すことができるから。
②	自分の名前を丁寧に書いた名刺を友だちと交換するという活動を通して，人とかかわることの楽しさや言葉を交わして友だちが増えていくことの喜びを味わい，友だちとのつながりを深めていくことができるから。
③	国語科では，名刺交換をする中で，あいさつの仕方などを学びながら友だちを増やしていった。音楽科でも，歌に合わせて握手をしたり，あいさつをしたりして，学級のみんなと触れ合い，できるだけたくさんの友だちの名前を覚えるようになるから。
④	学校探検をする中で，いろいろな教室や部屋があり，そこでは自分たちのために働いている人たちがたくさんいることに気付いていくことで，自分と周りとの関係をつくっていくことができるから。
⑤	学校の人々に親しみをもち，学校生活を楽しむ気持ちが出てきたところで，もっと知りたいことについて，どのような話し方でどんなことを聞くかをよく考えることで，自分たちでインタビューを行い，調べていくことができるようになるから。
⑥	学校探検をして，学校ではいろいろな人が働いていて自分たちはたくさんの人とかかわって過ごしていることがわかった。みんなが気持ちよく生活するために，学級の中で係を作って協力して働くことの大切さを考えていくことができるから。
⑦	自分の並ぶ位置を覚えると同時に，自分の前や後ろの友だちの名前を覚え，友だちの歩く速さに合わせて歩いたり，友だちの動きに合わせて踊ったりすることができるようになるから。
⑧	「じゃんけんぽん」の歌に合わせて，いろいろな友だちとじゃんけんをする。できるだけたくさんの友だちとじゃんけんができるようにする中で，たくさんの友だちとかかわっていくことができるから。
⑨	学校探検で歩いた学校の周りの草花や，遠足に出かけたときの道端や公園の中で見た植物に目を向ける。そして，植物の成長や栽培に関心をもち，継続して植物の世話をしたり，観察記録をつけたりする。そのことを通して，自然に親しみ，動物や植物をやさしい心で世話しようとする心情を育てることができるから。
⑩	音楽科で，じゃんけん遊びをしながら，いろいろな友だちとかかわれるようになってきている。その力を生かし，算数科「いくつといくつ」の導入で行うボール入れゲームでは，グループに分かれ，グループのみんなと協力して，ゲームを進めていく活動をするから。
⑪	学校探検をしたときのことを思い出し，日頃お世話になっている人々に感謝する気持ちをもつ。そして，学級の中でも，どんな友だちに対しても，温かい心で接していこうとする気持ちを育てることができるから。
⑫	日常生活におけるあいさつの大切さを知り，あいさつを身につけようとする態度を養う。そこから，身近な人たちに温かい心で接していこうとする気持ちを育てていくことができるから。
⑬	好きなものについて，尋ねたいことを相手によくわかるように話し，大事なことを聞き逃さないようにしながら，学級の友だちのことをより深く知っていくことができるから。
⑭	話し合いを通して，みんなで育てたい野菜を決め，協力して水やりをしたり，草取りをしたりして世話をしていく。育てた野菜を収穫し，みんなで収穫した喜びを味わう活動ができるから。
⑮	意地悪なオオカミが優しいオオカミに変身した理由を考えていく中で，友だちに優しくすると，自分もうれしくなり，気持ちが温かくなることに気付いていく。友だちと進んでかかわり，仲良くしようとする心情を育てることができるから。
⑯	多くの人とかかわり，友だちから自分のよさを伝えてもらうことで，多くの人の支えにより，自分が大きくなったことや，できるようになったことが増えたことに気付くことができるから。

付録　ESD関連カレンダー

⑰	学校の中でもいろいろな人とのかかわりがあり，その人たちの支えにより，毎日楽しく学校生活が送れることに気付く。自分にも人のためにできることがあることを知り，進んでお手伝いができるようになるから。
⑱	人は誰しも長所と短所をもっている。一日の大半を一緒に過ごす友だちとのトラブルはよくあるが，友だちのよさに目を向け認めていくことにより，相手の人格や考え方を尊重することができるから。
⑲	今まで育ててきた植物や，学校や学校の周りの草や木の色の変化，虫などの生き物の変化に気付く。そして，自然の様子から，季節の違いに気付くとともに，自然の美しさに触れたり，木の葉や実を使って遊んだりすることができるから。
⑳	話の順序を考えながら，友だちによくわかるように話すことで，自分のことや自分の身の回りにあることを簡潔に伝えることができるようになるから。
㉑	家族の一員である犬の「エルフ」を「ぼく」がどれほど大切にしていたかを読み取る中で，自分の家族に対する愛着や愛情を深めることができるから。
㉒	自分の仕事がみんなの役に立っているという視点をもちながら，自分の生活を振り返り，自分でできることを積極的に行おうとする意欲を高めることができるから。
㉓	いろいろな国のお話を聞いたり絵を鑑賞したりして，それぞれの国の特徴を感じ取ることができるようにする。そして，音楽の教科書の「ひのまる」の写真で，世界中の国旗に触れ，日本以外にいろいろな国がたくさんあることに気付くことができるから。
㉔	世界中のいろいろな国のお話を聞くことでその国の文化を知ったり，世界中の人たちが望んでいる平和について考えたりできるから。
㉕	くちばしの形について読み取る中で，自然の中で生きる鳥はえさを獲りやすいようなくちばしの形をしていることに気付くことができるから。
㉖	自分たちの身の回りの自然の様子で，今までと違うことを見つけ，季節の変化を感じ取る。自然の変化とともに，生き物の様子や自分の生活の様子が変わることに気付くことができるから。
㉗	自分たちの身の回りをよく観察して，自然の変化と同時に自分たちの生活の変化も見つけることができた。このことを生かし，国語科においては，冬に関係した行事，遊び，食べ物，自然現象，衣服などのいろいろな言葉を集めてカルタを作り，みんなで遊んで楽しむことができるから。
㉘	１年間を振り返り，冬だけでなく，四季それぞれの季節の特徴について思い出しながら，「はるなつあきふゆ」の歌を歌い，日本の気候のよさに触れることができるから。
㉙	音楽の教科書の中の世界中の国旗に触れ，世界にはいろいろな国がたくさんあることを知り，英語を使っている国についてつなげていくことができるから。
㉚	英語の学習を進めていく中で，アメリカやヨーロッパの国々のハロウィンやクリスマスなどの行事について知り，それらの国々の文化や行事を理解することができるから。
㉛	自分たちの家の人たちをよく観察し，どんな仕事をしているか，どのように工夫しているかなどを知ることができた。冬休みに向けて，自分も家族の一員としてどのようにかかわっていったらよいか，どのようなことができるかを考え，実行できるようにしていく。また，年末・年始の行事や冬の遊びを通して，友だちや家族，地域の人たちと積極的にかかわりをもつことができるから。
㉜	冬の自然の特徴を生かした遊びについて考え，冬を元気で楽しく過ごすため，友だちや地域の人と一緒に遊びを工夫して楽しむことができるから。
㉝	世界のいろいろな国には，その国のお話や絵だけでなく，音楽もあることを知り，他の国の歌や音楽を鑑賞し，特徴を感じ取ることができるから。

㉞	縄を使った運動として，一人で行う縄跳びだけでなく，大勢で遊べるような跳び方をみんなで考える。そして，みんなと力を合わせて跳んだり，友だちを励ましたりしながら楽しく運動できるようにする。そして，冬の寒い時期に体の温まる楽しい遊びであるということや，昔から子どもたちが遊んでいた遊びであるということにも気付くことができるから。
㉟	ライオンとシマウマの赤ちゃんの違いを読み取る中で，過酷な自然の中で生きている動物たちの成長の様子や特徴について気付くことができるから。
㊱	みんなで協力して，新1年生を迎える会の準備をしていくことで，1年間を振り返り，自分の成長を支えてくれた人がたくさんいることに気付くことができるから。
㊲	生活科で学習した「好きな家族を紹介しよう」や「家でする家族みんなの仕事の紹介」の内容と結び付けながら，家族の優しい心づかいや努力に感謝するというねらいを達成できるから。
㊳	みんなで協力して，新1年生を迎える会を開き，新1年生とかかわることで，2年生に進級する喜びや希望をもつことができるようにする。そして，今までお世話になった6年生に対して感謝の気持ちをもち，6年生を送る卒業式の心構えについて考えていくことができるから。
㊴	生活科の「げんきにすごそう」では，地域のお年寄りの人たちに昔からの伝承遊びを教えてもらう。「わざわざ私たちのために来ていただいて，教えてくださるんだ」という感謝の気持ちをもって，礼儀正しくお年寄りの人たちに接しようとする態度を養い，気持ちのよいあいさつや言葉づかいができるようにする実践の場になるから。
㊵	今まで，縦割り班や登校班などでとてもお世話になった6年生に対して感謝の気持ちをもち，6年生から教わったことを生かし，友だちと一緒に自分たちの学級を大切にしていこうとする心情を育てることができるから。
㊶	自分たちの1年間の成果を出して，卒業式の歌を練習することで，今までお世話になった6年生に対して，感謝の気持ちを表現できるから。
㊷	1年間を振り返り，それぞれの季節の中で，いろいろな行事やできごとがあったことを思い出し，教科書の1年間を振り返った絵の中に，いろいろな数や形があることを見つけることができるから。
㊸	1年間お世話になった6年生に対して，どんなものが喜ばれるかを考えながら，プレゼントの色や作り方を工夫する。このように感謝の気持ちを込めてプレゼントを作ることができるから。

付録　ESD 関連カレンダー

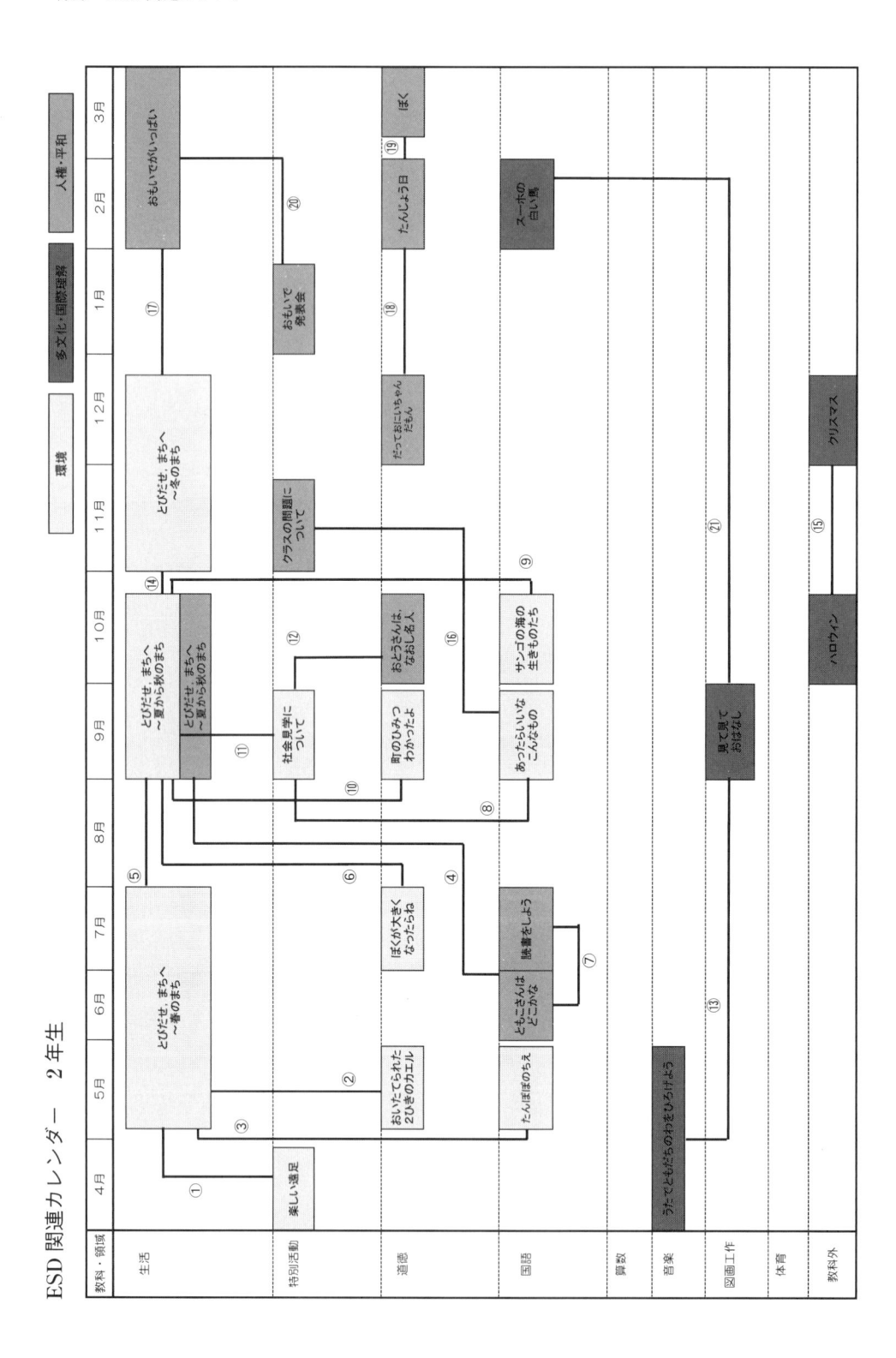

ESD 関連カレンダー　2年生

凡例: 環境 ／ 多文化・国際理解 ／ 人権・平和

教科・領域	4月	5月	6月	7月	8月	9月	10月	11月	12月	1月	2月	3月
生活	①	とびだせ、まちへ ～春のまち ③		⑤		とびだせ、まちへ ～夏から秋のまち ⑪	とびだせ、まちへ ～夏から秋のまち ⑭	とびだせ、まちへ ～冬のまち		⑰	おもいでがいっぱい	
特別活動	楽しい遠足						クラスの問題について					
道徳		おいてけられた2ひきのカエル ②	ぼくが大きくなったらね		⑥	社会見学について ⑩	おとうさんはなおし名人 ⑫		だってお兄ちゃんだもん ⑱	おもいで発表会 ⑳		
国語		たんぽぽのちえ	どうぶつさんはどこかな ⑦ 読書をしよう		④	町のひみつわかったよ ⑧	あったらいいなこんなもの ⑯ サンゴの海の生きものたち ⑨				たんじょう日 ⑲	ぼく
算数												
音楽											スーホの白い馬	
図画工作	うたでともだちの輪をひろげよう			⑬		見て見ておはなし		㉑				
体育												
教科外								ハロウィン	クリスマス ⑮			

140

2年　つながりの理由

①	春の遠足では「春見つけ」を行い，春の生き物を観察する。春見つけを通して生じてきた生き物に対する思いや学習意欲は，生活科の野菜や生き物を育てる学習につながるので。また，春見つけで見つけた生き物についての気付きを，野菜の成長，生き物の成長の観察に生かすことができるので。
②	道徳の時間に話し合った，生き物を大切にしようとする態度や，大切に生き物を育てていこうとする心情は，野菜の栽培や生き物の飼育に生かすことができるので。
③	たんぽぽは新しい仲間を増やす工夫をしている，生命はつながっているという視点は，育てている野菜や生き物の観察に生かすことができるので。
④	「ともこさんはどこかな」の学習で，相手にわかりやすく伝える話し方を学ぶ。そこで学んだことを生かしながら，社会見学で見たことや初めて知ったことなどをクラスの仲間に伝える活動をする。こうした活動は，人とのコミュニケーション能力を養うことにつながるので。
⑤	春のまちから夏・秋のまちへと自然の変化に着目したり，駅家のまちから福山駅周辺へと範囲を広げたりして，学習を進めるので。
⑥	自分たちが大きくなった時の自然環境についてしっかりと考え，今，自分たちが何をすればよいかということを，環境の視点から考えるので。
⑦	8月の登校日に平和に関する本を読み，平和学習をするので。
⑧	町探検のまとめの発表のときに，国語科で学習したまとめ方や相手への伝え方を使って表現することができるので。
⑨	サンゴの海にすむ生き物たちの環境について考えることは，自分たちが生き物を飼って世話をするときに関連するので。
⑩	道徳の時間の学習をもとに，自分たちの住むまちに興味や関心をもち，意欲的に目を向け，よさに気付いていくので。
⑪	社会見学に向けて，事前にその目的や見学の決まりを話し合うことで，責任意識や相手意識をもって社会見学に行くことができるので。
⑫	家族への感謝の念や敬愛の心をもとうとする心情を養うことで，人とのつながりをしっかり意識できるようにしていく。そして，自分の身近な人とのかかわり方や接し方を考えていくことができるので。
⑬	外国のお話に親しむことで，他の国の文化に触れ，それを理解する。歌やお話など，外国の芸術や文学を扱っているという点でつながりがある。日本のお話だけでなく，外国の作品も取り扱うようにする。
⑭	夏・秋のまちから冬のまちへと自然の変化に着目して，学習を進めるので。
⑮	外国の行事である「ハロウィン」，「クリスマス」を実際に体験することで，英語に触れながら，異文化理解をすることができる。その行事の始まりや習慣も知りながら，異文化理解をしていくので。
⑯	「あったらいいな こんなもの」で学習した，相手への伝え方を使って，クラスの問題について，しっかりと自分の考えを発言できるようにしていくので。
⑰	2年生で学習した内容について振り返り，思い出も出し合いながら，町や町の人々とのかかわりについて考えることができるので。
⑱	生命の尊さに気付き，大切にしようとする心情を育てるという点で共通している。家族の尊さから，命へとつながるので。
⑲	家族の尊さや命の尊さを感じ，そして最後に自分自身に帰って，生きているということについて，しっかり向き合う時間になるので。

⑳	2年生の生活科で学んだことを整理し，まとめ，自分たちの伝えたいことや成長の様子を発表会で表現するので。
㉑	外国が舞台になったお話を読み進めることで，そこの国の暮らしぶりや伝統的な楽器など，特有の文化に触れることができる。そこに着目しながら進めることで，異文化理解にもつながるので。

ESD関連カレンダー　3年生

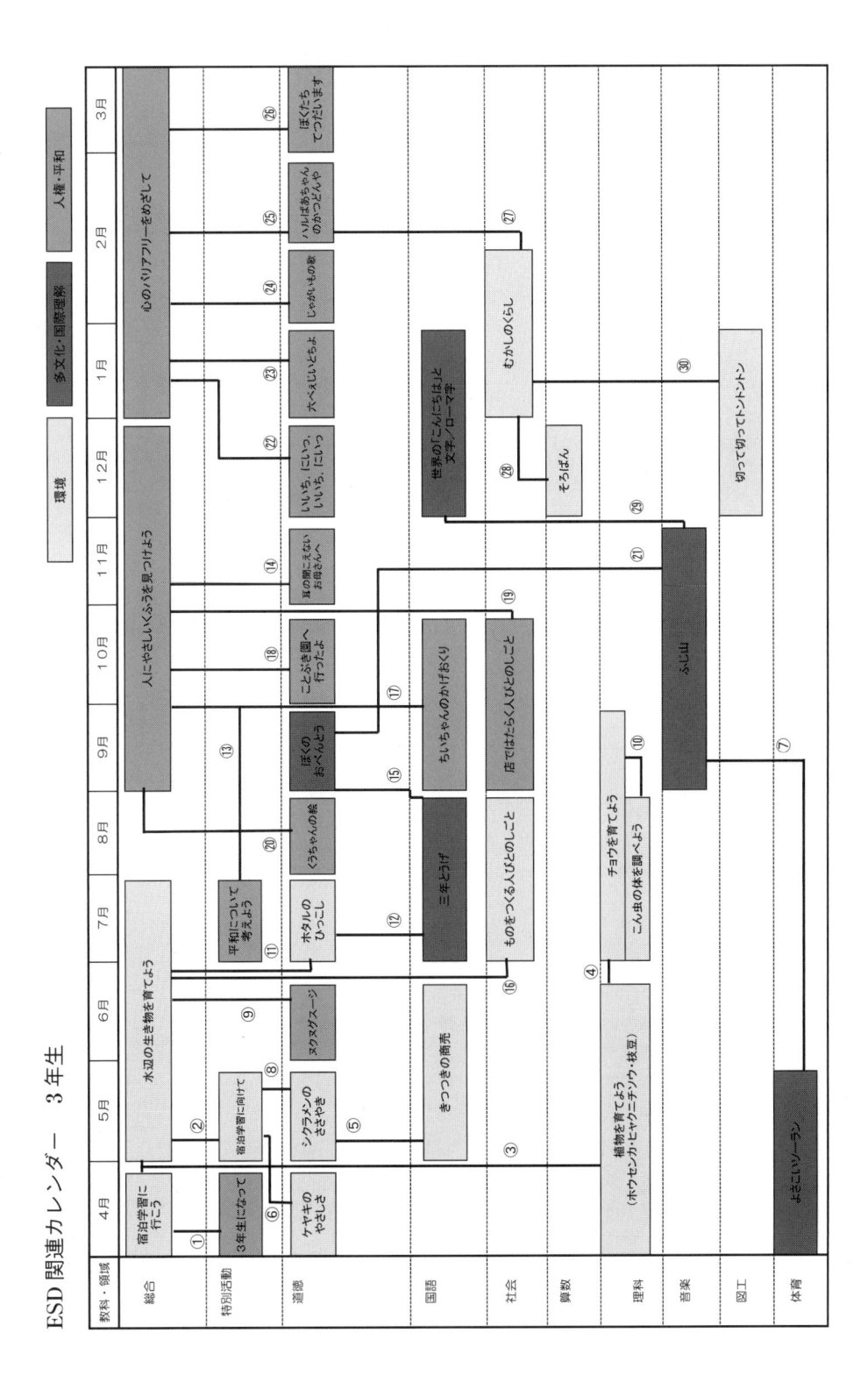

凡例: 環境 ／ 多文化・国際理解 ／ 人権・平和

教科・領域	4月	5月	6月	7月	8月	9月	10月	11月	12月	1月	2月	3月
総合	宿泊学習に行こう ①	水辺の生物を育てよう ②				人にやさしいくふうを見つけよう				心のバリアフリーをめざして		
特別活動	3年生になって	宿泊学習に向けて ⑧		平和について考えよう ⑪								
道徳	ケヤキのやさしさ ⑥	シクラメンのささやき ⑤	ヌクヌクスージ ⑨	ホタルのひっこし	くらちゃんの絵 ⑳	ぼくのおべんとう ⑬	ことぶき園へ行ったよ ⑱	耳の聞こえないお姉さん ⑭	いいち、にいち、いいち、にいち ㉒	大へえといとも ㉓	じゃがいもの歌 ㉔ ハルばあちゃんのかつどうどんや ㉕	ぼくたちてつだいます ㉖
国語		きつつきの商売 ③		三年とうげ ⑫		ちいちゃんのかげおくり ⑰						
社会			ものをつくる人びとのしごと ⑯			店ではたらく人びとのしごと ⑮						
算数												
理科		植物を育てよう（ホウセンカ・ヒマワリ・ダイズ） ④		チョウを育てよう こん虫の体を調べよう ⑩					世界のこんにちはと文字／ローマ字 ㉑			
音楽								ふし山 ⑲			㉗	
図工								切って切ってトントントン		むかしのくらし	そろばん ㉘ ㉙	㉚
体育	よさこいソーラン						⑦					

付録　ESD関連カレンダー

3年　つながりの理由

①	新しい学年をどう過ごしていくか，また，自分たちの学級をどんな学級にしていきたいかについて話し合い，目標を設定する活動である。3年生から「わくわく」（総合的な学習の時間）という新しい学習が入ることを伝え，学習に対する意欲を高める。
②	子どもたちは宿泊学習で初めて親元を離れて，自分たちの力で生活をする。その中で，普段は親にしてもらっていることを「自分でする」という経験をする。また，活動中は班で行動し，友だちと協力して体験活動に取り組む。その体験で学んだことを「水辺の生き物を育てよう」の学習にも生かし，班で協力して調べ活動を行ったり，自分たちで質問を考えたりする。
③	児童は宿泊学習において自然や動植物と触れ合い，自然の中での過ごすという体験をしている。そのことを生かして，植物を育て，その育ち方を観察する。生き物を大切にしようとする態度を育成する。
④	植物を育て学んだことや宿泊学習での昆虫観察の学習を生かして，昆虫を育て，卵から成虫までの育ち方を学習する。生き物の不思議さに触れ，人間がさまざまな生き物と共存していることを理解する。
⑤	宿泊学習で自然と触れ合った経験を生かし，ブナの森の様子やそこで暮らす小動物の命の営みに思いをはせる。
⑥	児童は宿泊学習において自然や動植物と触れ合い，自然の中での過ごすという体験をしている。そのことを生かして，学習を行う。「ケヤキのやさしさ」では，ケヤキの木が主人公にとっての遊び場であり，心を落ち着かせる場所として描かれている。自然の中で過ごす気持ちよさを思い出させ，自然を大切にしようとする心情を育てる。
⑦	日本の民謡の一つであるよさこい節やソーラン節に合わせて踊ることで，日本文化を知り，よさを味わう。また，みんなで動きを合わせて踊ることに取り組み，仲間と共に一つのものをつくることのよさを体験する。
⑧	枯れてしまいそうなシクラメンの世話をすることで，シクラメンの花を咲かせた主人公の姿から，自然や動植物に優しく接し，動植物を大切にしようとする心情を育てる。
⑨	「ヌチヌグスージ」とは，沖縄で行われる命の祭りである。先祖の墓の前で，感謝の気持ちを歌や踊りで伝える。主人公は自分の命が先祖から続いていることを知り，「いのちをありがとう」と感謝の気持ちをもつ。この内容では，生命が連続している，つながっているということや，つながりの中に自分がいるということに目を向けさせることができる。
⑩	ヤゴをはじめとする昆虫の体の仕組みやえさ，すみかなどを調べることによって，生き物は環境に適した体や生態をもつことに気付かせる。
⑪	「ホタルのひっこし」では，人間のせいで川がホタルにとってすみにくくなってしまったことを，ホタルの会話を通して訴えている。引っ越ししなければならなくなったホタルの心情を考え，自分たちの身近な地域の自然にも目を向けていく。当事者意識をもたせ，自分たちの生活を振り返らせ，自分たちの生活に目を向けさせることができる。
⑫	「三年とうげ」は朝鮮半島の民話である。挿絵や読み取りを通して，朝鮮の文化に触れ，日本との違いや共通点に気付かせる。自分たちと異なる文化があり，他国の文化に興味をもたせる。
⑬	今の自分たちの暮らしは，過去とつながっていることを知る。戦争の悲惨さを知ることによって，平和がいかに大切で守らなければならないものであるか考えることができる。
⑭	耳の聞こえないお母さんを思いやり，敬う主人公の姿から，心の通じ合いの大切さを考えることができる。

⑮	「ぼくのおべんとう」では,アメリカで生活する「ぼく」が食文化の違いから友人関係に悩む様子が描かれている。主人公の心の移り変わりを考えることで,日本のよさ,自分が日本人の一人であるということに目を向けさせ,自分の住む日本の文化に興味をもたせる。多様な価値観を認めることの前に,まず自分の国,地域に目を向けさせる。
⑯	地域の紡績工場の見学から,染色時に使った汚れた水はきれいにして川に流されていることを学ぶ。
⑰	場面の移り変わりや情景を想像しながら読み,主人公である「ちいちゃん」に手紙を書くことで,家族や戦争に対する自分なりの考えを文章にまとめ,平和の大切さを考えることができる。
⑱	ことぶき園でお年寄りのために一生懸命仕事をしている人たちの話を聞き,驚きと尊敬の気持ちをもつ主人公に共感することができる。
⑲	私たちの暮らしは,働く人々の工夫や努力によって支えられている。主に地域の販売・生産に携わる人の仕事について調べる活動を通して,自分の暮らしはさまざまな人とつながっていることを理解できる。
⑳	くうちゃんはちょっと変わったところがあるが,くうちゃんのよさをみんなが知ることで,学級全体が向上していく。さまざまな友だちとの交流を通して,学校生活に親しみ,自ら明るく楽しい学級にしていこうとする態度を養うことができる。
㉑	「ぼくのおべんとう」にかかわり,日本を象徴する「ふじ山」を想像しながら歌うことを通して,日本の自然のよさを味わうことができる。
㉒	主人公は,運動会の二人三脚を練習し,はじめは遅くても練習を重ねることで優勝することができ,そのことを友だちと一緒に喜び合う。主人公の姿から,友だちと理解し助け合っていこうとする態度を養う。
㉓	村のみんなとはかかわらない「六べえじい」のことがだんだんわかり,心が通じていくという話である。相手のことを考え,進んで親切にしようとする態度を養う。
㉔	人にはそれぞれ個性がある。じゃがいもにもいろいろあって,それが学級の友だちと重なって,うれしい思いがする。こうした主人公の気持ちを理解し,自分のよさを知り,伸ばしていこうとする心情を育てる。
㉕	地域の人たちから感謝されている「ハルおばあちゃん」の生き方に触れ,自分たちの生活を支えている人々を尊敬し,感謝する心情を育てる。
㉖	おじさんが「きみたちが手伝っているのを見て,協力しようと思ったんだよ」とほめてくれたときの「ぼく」の気持ちを考えたり,親切にして喜ばれたという経験を出し合ったりする中で,自分を振り返り,「親切にしたい」という実践意欲を高めることができる。
㉗	課題意識をもって昔の暮らしや道具を調べることで,自主的に追究させることができる。また,昔の暮らしに関心をもたせ,昔の遊びに意欲的に取り組むことができるようにする。地域にある歴史的に培われた文化(祭り)を知り,文化が生まれた背景を探ることで,自然や社会とのかかわりを理解することができる。
㉘	「そろばん」という歴史的に培われた文化を知り,先人の知恵に触れることから,つながりがある。
㉙	世界にはさまざまな言語があり,あいさつの言葉がある。外国のあいさつをすることで,それを身近に感じることができる。
㉚	木切れや廃材を利用することで,人と自然とのかかわりを考えることができる。

付録　ESD関連カレンダー

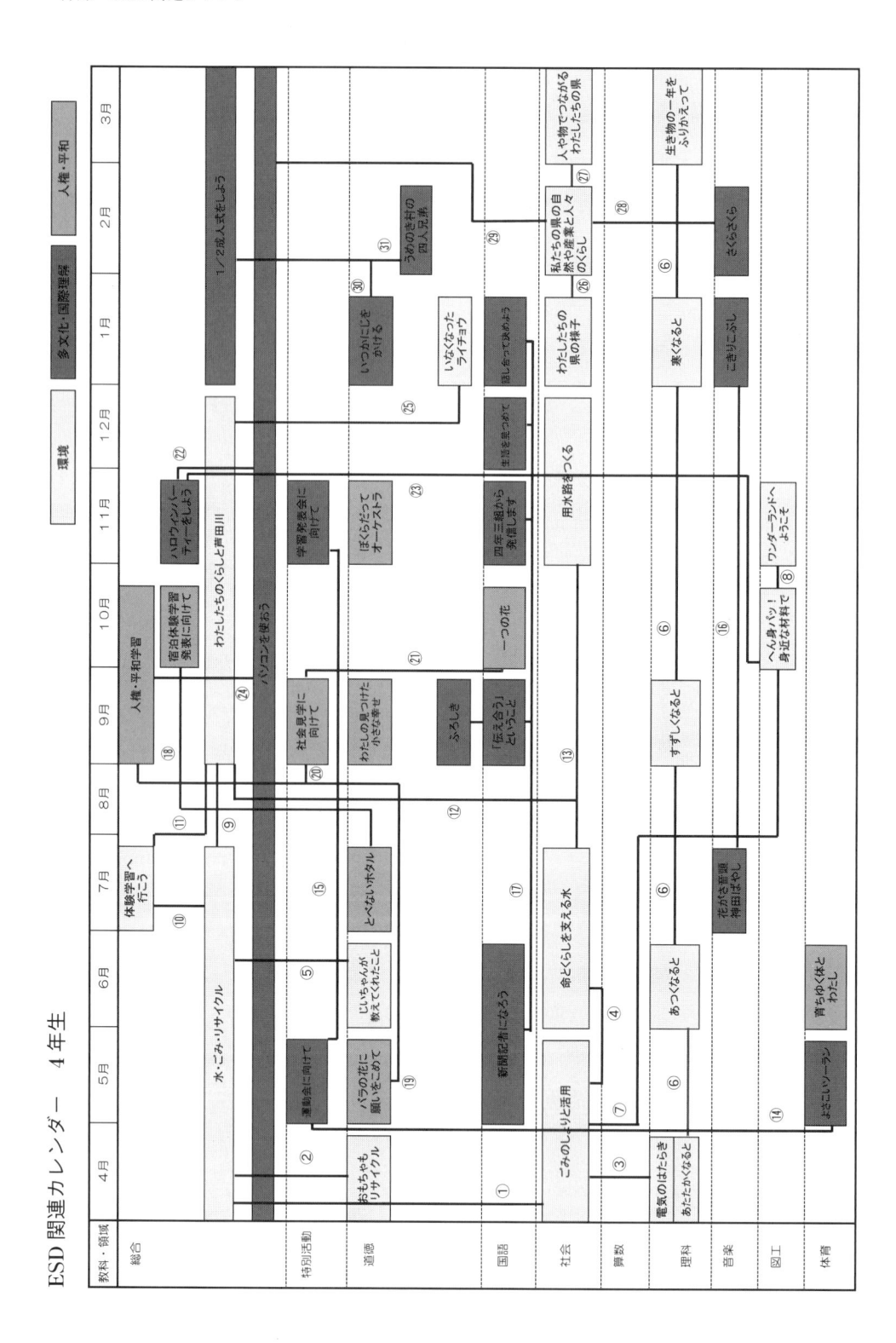

ESD関連カレンダー　4年生

環境　　多文化・国際理解　　人権・平和

教科・領域	4月	5月	6月	7月	8月	9月	10月	11月	12月	1月	2月	3月
総合		水・ごみ・リサイクル		体験学習へ行こう		人権・平和学習	宿泊体験学習発表に向けて	わたしたちのくらしと寺田川			1/2成人式をしよう	
特別活動		② 運動会に向けて										
道徳	① おもちゃもリサイクル	バラの花に願いをこめて ⑲	⑤ じいちゃんが教えてくれたこと	⑮ とべないホタル		⑳ わたしの見つけた小さな幸せ	学習発表会に向けて	㉒ ハロウィンパーティーをしよう	㉕ いつかどこかで	うめの吉村の四人兄弟 ㉛		
国語		新聞記者になろう		⑰	⑫	「伝え合う」ということ	一つの花 ㉑	⑳ ぼくらだってオーケストラ	いなくなったライチョウ	話し合って決めよう		
社会	③ ごみのしょりと活用		命とくらしを支える水		⑬	社会見学に向けて		用水路をつくる 四年三組から発信します ㉓	生活を見つめて わたしたちの県の様子	私たちの県の自然や産業と人々のくらし ㉖	うめの吉村の四人兄弟 人やものでつながるわたしたちの県 ㉗	
算数			④									
理科	⑥ 電気のはたらき あたたかくなると	⑥ あつくなると		⑥ すずしくなると			⑥		⑥ 寒くなると		⑥ 生き物の一年をふりかえって	
音楽		⑦ 花がさき音頭神田ばやし		⑯		⑯			こきりこぶし			
図工						へん身パッ！身近な材料で ⑧	ワンダーランドへようこそ					さくらさくら
体育	⑭ まさごいソーラン	育ちゆく体とわたし										

4年　つながりの理由

①	自分たちの暮らしとごみ問題のかかわりは，非常に大きい。衣食住の生活の中で出されるごみが誰によってどのように処理されるのか，また，増え続けるごみに対して人間の知恵でどのように活用しようとしているのかなど，自己課題を見つけさせることに適しているから。
②	自分が必要なくなった「ままごとセット」を捨てるという行為に罪悪感はない。しかし，ままごとセットをごみ置き場から「もらってもいいですか」と持って行くおばさんから，再活用の可能性を知る。捨てればごみだけれど，手直しすれば他でも使ってもらえる道があることを知り，リユースの意識を高めることができるから。
③	電気のはたらきの学習で，モーターを使って動く車を作り，電池のつなぎ方によって電流の強さを変えたり，＋極，－極の向きを変えて，モーターを逆回転させたりする体験をする。その中で，既製のものではないものが作れるのではないかという意識が高まる。そこで，廃材（ごみ）を活用して，動くおもちゃを作る。廃材の活用が「リサイクル」につながる。捨てればごみだが，アイディアでおもちゃに生まれ変わるということを体験できるから。
④	「水のめぐみを大切に」の単元で，森林が水を蓄える働きがあることを学び，水資源の確保には森林の保全や川の浄化などが大切であることに気付く。また，自分の生活の中での物や水の使い方について考え，振り返ることで，資源を大切にする態度を育てていくことができるから。
⑤	生き物は皆，命をもっている。その命をいただきながら生きている。必要な時，必要なだけ，決して獲りすぎないようにするのが命を大切にすることであると，じいちゃんが教えてくれた。この考え方はすべての生き物が共生するための基本的な考え方であり，ESDの基本であるから。
⑥	1年間の生き物（植物・動物）の変化を，気温の変化を中心に関連づけて考えていく。自分たちの生活と自然環境との関連性を認識し，人は自然の一部であり，さまざまな生き物やあらゆるものと共生・共存していることを理解していくことができるから。
⑦	総合的な学習の時間の「リサイクルをしよう」で学んだリサイクルの実践の場とする。ハロウィンの仮装を調べ，自分の作りたい衣装を選び，そのための材料は何が適するかを考える。着なくなった服を切ったり，組み合わせたりしながら，想像豊かに製作する。こうした活動を通して，廃材活用の意識を高めていくことができるから。
⑧	材料を工夫してグループで製作する単元である。段ボール，プリンなどの容器，ペットボトル，毛糸，綿などを活用して，グループでアイデアを出し合いながら計画・製作をする。ここでは，廃材活用の実践力だけでなく，他者と協働しお互いを認める力も育てることができるから。
⑨	水は地球上で循環し，自然環境の中でリサイクルされている。身近な芦田川をきれいにしたいと思う気持ちは，自分たちにできることを考えることにつながる。これはごみ問題の学習と関連するから。
⑩	宿泊体験活動の中で農業体験をする。農作物を育てる農家の方との交流や農作業体験を通して，人と生き物との共生・共存を理解できるから。
⑪	宿泊体験活動の中で，水辺の教室（環境調査）を行う。小川に入って水生生物を採取する。自然環境に関心をもち，課題を発見し，自主的に追究する力を高めることができるのから。また，「環境保全」ポスターを描くことで，身近な川の環境への関心を高めることができるから。
⑫	森林が水を蓄える働きがあることを学び，水資源の確保には森林の保全や川の浄化などが大切であることに気付く。また，自分の生活の中での物や水の使い方について考え，振り返ることで，資源を大切にする態度を育てることができるから。
⑬	人々は昔から工夫しながら稲づくりのための用水路を整えてきた。どんな願いや思いで用水路を整備してきたのか。また，自然と共存するための人間の知恵とはどのようなものか。これらを考えながら，身近な地域や世界の問題・課題の解決に向けての主体的に行動について考えることができるから。

付録　ESD関連カレンダー

⑭	日本の民謡の一つとして，日本の文化を知り，それを踊りで表現することの意味について考える。体育では，仲間と共に表現することの楽しさを十分に味わわせ，表現力を身につけていくことができるから。
⑮	運動会での「よさこいソーラン節」の発表と学習発表会での「宿泊体験活動報告」の発表である。どちらも友だちとのつながりを大切にしながら，自分の気持ちや考えをもち，それらを相手意識をもって表現していくことができるから。
⑯	日本の伝統音楽に親しみ，日本の文化に触れることを通して，よりよく日本を理解しようとする態度を育てていくことができるから。
⑰	いずれの単元にも共通していることは，相手意識をもち，課題を設定して，わかりやすく表現する方法を身に付けることである。「新聞記者になろう」「伝え合うということ」「四年三組から発信します」は，新聞の形式でまとめる。「生活を見つめて」は，グループ新聞の形式で表現する。
⑱	道徳「とべないホタル」では，友だちと互いに理解し合い，助け合っていこうとする心情を育てることができるから。宿泊体験活動では，友だちとさまざまな活動を共にし，人間関係力を高めていくことができるから。
⑲	自分たちの住んでいる福山市は，広島に原子爆弾が投下された2日後の8月8日に，大空襲を受けた町である。戦後の復興と共に，「ばらの町ふくやま」として，平和を願い，平和を愛する市民をめざしている。10月の広島平和公園への社会見学に向け，戦争についての歴史を知る教材として扱うことになるから。
⑳	平和集会の意義を確認し，どのような気持ちで臨んだらよいかを確かめる。今まで調べてきたことや，家族などから聞いた話，折り鶴をみんなで折ったことなどを思い出しながら，平和への思いを込めて当日の集会を迎えるという気持ちを高めていくことができるから。
㉑	「一つの花」は，文学教材である。登場人物「ゆみ子」は戦争が激しくなり，物品が不足した時代に幼児期を過ごす。ゆみ子は「もっとほしい，いっぱいほしい」と言う代わりに，「一つだけ」という言葉を覚えてしまった。子どもの幸せを願うけれども，どうしようもない親の苦しみと，人の命が軽く扱われた時代の中にあっても，人の命の重みと平和の大切さを感じさせてくれる物語である。お店に行けば何でも手に入る現在とかけ離れている物語の時代背景を知るために，戦時中の暮らしを調べさせる。その中で，戦争は人々の「幸せに生きる権利」を奪い，人間性を失わせるものであることを認識させることができるから。
㉒	広島平和公園と呉海事資料館の見学に向けて，自己課題を設定し，事前の調べ活動をする。その際，インターネットを積極的に活用し，情報収集能力を高めることがでるから。
㉓	図工単元「へん身パッ！身近な材料で」では，材料を工夫して，ハロウィンの仮装衣装を作る。その活動を通して，自分たちが世界の人々とどのようにつながり，どのような影響を与えているかを理解できるから。
㉔	国際理解の題材として，ハロウィンの行事を取り上げる。ハロウィンの歴史や行事の意味を調べるために，インターネットを積極的に活用し，情報収集能力を高めることができるから。
㉕	自然の神秘に気付き，自然やそこにすむ動物を大切にしようとする態度を育てていく教材である。ライチョウの保護のため富士山5合目付近に放し，数を増やすことに成功したが，キツネに食べられてしまい，1匹もいなくなってしまった。本来いるはずのないキツネが5合目付近に現れるようになった原因は，人間によって捨てられたごみや弁当の残飯であった。教材を通して，人間の生活の仕方と自然環境の関連性を認識し，生き物と共生・共存していることを理解できるから。
㉖	自分たちの住んでいる県の土地の様子（自然環境）や生活に関心をもち調べる。地理的な特色やよさについて関心をもち，地域社会に対する誇りと愛情をもとうとする。その特色を生かした暮らしがなされていることを知り，人間と自然環境との関係性を認識することができるから。

㉗	自分たちの住んでいる県と国内の他地域や外国とが，人や物を通してつながっていることに関心をもち，意欲的に調べ，考えながら追究できるようにする。そのことで，国を越えた大きな枠組みの中で人々がかかわり合って生きていることを考えることができるから。
㉘	箏曲「さくらさくら」では，福山特産の「琴」を使って演奏する。「琴づくり」を自分たちの住んでいる町の特色ある産業の一つとして取り上げ，「福山琴」として知られるようになった歴史や働く人の工夫や努力を追究し，自然や社会とのかかわりを理解していくことができるから。
㉙	自分たちの住んでいる県といえども，福山市を出ると県内のことについては詳しくない。自分の知りたいことを手軽に知ることができる手段がインターネットである。知りたい情報を取捨選択しながら，情報活用能力を高めることができるから。ただし，情報をうのみにすることなく，批判的に見ることも身につけさせていく。
㉚	「1/2成人式」のねらいは，自分の今までを振り返ることと，これからの自分を考えることである。目標をもって努力し，夢を実現した高橋尚子選手の人生を手がかりに，自分の夢について考えたり語ったりする活動である。めあてをもって努力する生き方を学ぶことができるから。
㉛	「1/2成人式」では，他国の子どもの環境や暮らしについての調べ活動を行う。「うめのき村の四人兄弟」では，それぞれのよさを認められた4人兄弟が，父親に仕事を任され，そのよさを発揮して，生き生きとしている様子が描かれている。児童もまた，友だちのよさを発見したり，自分のよさに気付いたりしながら，自尊感情を高め，友だちを大切にする生き方を学び取ることができるから。

付録　ESD関連カレンダー

ESD関連カレンダー　5年生

凡例：環境／多文化・国際理解／人権・平和

教科・領域	4月	5月	6月	7月	8月	9月	10月	11月	12月	1月	2月	3月
総合			今、地球が危ない！「ふくやまエコファミリー」「学校TFP」「古墳フェスタ」					自分の夢に向かって			世界を知ろう〜アジアの仲間たち〜	
特別活動	④ いつも全力で	② 運動会に向けて ③ 一ふみ十年		⑦			⑭ 学習発表会に向けて　親から子へそして孫へ		⑳ 児童会役員選挙 ㉔ スキー合宿へ行こう		㉖ 大造じいさんとガン	㉚ もう一人のお友達
道徳						㉗ 心のレシーブ						
国語	① お願いの手紙 お礼の手紙 敬語	インタビュー名人になろう サクラソウとトラマルハナバチ ⑤	千年の釘に挑む ⑩ 人と物のつき合い方 本は友達 ⑨	⑪ イルカの海を守ろう					⑳ ベートーベン	㉑ 流行おくれ		
社会	米づくりのさかんな地域	アジアの国々の音楽 ⑥				自動車とわたしたちのくらし ⑮	⑯ これからの水産業	⑧	㉓ 情報化社会を生きる		㉒ 国土の開発と自然	㉞ 自然を守る運動
算数								⑰		⑲ 割合とグラフ		
理科		植物の発芽と成長					生命のたんじょう					
音楽									日本の音楽を味わおう			
図工			身の回りの整理・整とんしてみよう								かざりづくり	
家庭科								快適な住まいを考えよう ㉜				
体育		ジェスチャーをしよう	数で遊ぼう		バスケットボール ㉕	⑫ いろいろな文集を知ろう	⑬	持久走	ソフトバレーボール			㉛
外国語活動	世界のこんにちはを知ろう		自己紹介をしよう					外来語を知ろう	クイズ大会をしよう	時間割をつくろう		ランチメニューをつくろう

150

5年　つながりの理由

①	国語科において、インタビューや手紙の書き方についての基本的な技能を身に付けることができるから。
②	動植物や自然の美しさ、雄大さに触れ、感動する心をもつことが、動植物や自然を愛することや自然を保護することにつながる。わずかマッチ棒の太さしかないチングルマにも10年間に及ぶ成長があり、その生命力の尊さを感じ取ることができるから。
③	自分の夢を実現するためには、絶えず自分自身と向き合いながら、さまざまな不安や誘惑に打ち勝ち、自分ができることに全力を尽くす必要がある。イチロー選手の記録に挑む姿から、希望や勇気を決して失わずに、いつも全力で物事に取り組んでいこうとする強い気持ちを感じ取らせる。自分もそうありたいと願い、夢や理想に向かって着実に前進していこうとする気持ちを育てることができるから。
④	自然界や生態系で起きている変化について読み取る。サクラソウとトラマルハナバチのように、自然界の生き物は長い年月をかけて互いに利益を得るための共生関係を築いていること、その関係が生態系とつながっていることを理解する。人間も生態系の一部であり、自分たちの生活も自然界とつながっていることを知る。このようなことから、環境問題も自分たちの問題であると考えることができるから。
⑤	あいがも農法など、環境に優しい農業の工夫について知る。環境に配慮した農業を進めている農家の人たちの努力や工夫を理解することができるから。
⑥	何らかの環境破壊によって、水・空気・適温の一つでも欠けると植物は発芽しないということ、つまり、環境と植物の密接なかかわりについて考えることができるから。
⑦	日本だけでなく世界の国々でも、人間の欲望によって動植物の暮らす環境が壊されている。イルカの海を守ろうとする人々の努力について話し合うことで、自分たちの身近な取り組みが美しい地球を守ることにつながることを考えることができるから。
⑧	四国の鍛冶職人である白鷹さんが、古代の釘を再現する中で解明していった当時の釘の見事さについて説明し、釘作りの挑む職人の心意気を描いた文章である。仕事に熱意と誇りをもって打ち込む人物像に触れることができるから。
⑨	夢を実現するためには、実現する方法や自分を高める方法を追求していかなければならない。そのために、校内はもとより、校外のさまざまな人々との交流の機会をもつ。実際に依頼したり、お礼を述べたりする手紙の書き方や、ふさわしい言葉遣いについて身に付ける。また、追求活動の中では夢を実現した方に直接インタビューをし、情報を収集していく。一方的なインタビューではなく、相手とのやりとりを工夫して、生きたインタビューをする技術を身に付けることができるから。
⑩	戦争体験や平和についての本を読む活動である。それらを読み、本を紹介する活動を行う。本の感想だけではなく、本を読んでの自分の考えも書くことで、平和への関心や理解を深めることができるから。
⑪	ごみ問題は、人と物とのかかわりの問題である。物を大切にする心を取り戻すことが、ごみ問題の解決につながる。環境に対する自分の姿勢が大切なことを理解できるから。また、環境問題について調べ、発表する際に、数値を示し、グラフにするなど、効果的な資料作りを学ぶことができるから。
⑫	アジア諸国を調べる上で、それぞれの国の音楽を聴くことは、調べる意欲を高め、知識を深めることができる。音楽という視点で、それぞれの国の音楽の雰囲気の違いを感じ取らせたり、日本に古くから伝えられている音楽に触れさせたりしながら、自国の音楽とアジア諸国の音楽と比較することで、他文化交流を深めることができる。

付録　ESD関連カレンダー

⑬	気持ちのよい住まいにするために，暖かさ，明るさ，風通しについて調べる。住まいの中の暑・寒・明・暗などに対して，すぐに電気機器に頼るのではなく，環境に配慮しながらカーテンや自然の光・温度・風などを利用し，調整していこうとする実践力を高めることができるから。
⑭	学習発表会をすばらしいものにするために，みんなでの共通の目標やきまりをつくり，一人一人が責任をもって役割を果たしながら発表会に向けて努力していくことができるから。
⑮	自動車作りは「人と環境に優しい」をキーワードに，ガソリンを使わない自動車や排出ガスの少ないエンジンの開発が進められている。また，再利用できる部品を多く使ったり，分解しやすい組立て方にしたりするなど，率先して環境に配慮した活動を行っていることを理解できるから。
⑯	山で植樹活動をしている様子を読み取りながら，水産業と森林の関係について考え，問題意識をもつことができる。水産業と自然環境との深いつながりに気付き，川，海，森林などの環境保全の大切さを理解できるから。
⑰	母の子宮の中の受精卵から生まれてくるまでの成長の様子について，資料をもとに学習する。わずか数ミリの卵の中にも，尊い命があること，その生命が38週という長い時間，母の体内の中で大切に育てられることを感じ取らせる。自分たちは大切な命をもって生まれてきたことに，感動をもたせ，命の生かし方について考えさせることができるから。
⑱	国際社会を知るために，まずは自国を知ることが大切である。資料から，日本の文化とその伝統のよさを自覚させ，自国を誇りに思う心情を育てることができるから。
⑲	不用品の中には捨てればごみ，回収すれば資源となるものが多い。不用品についてよく見直し，加工・修繕して家庭内で再利用したり，譲り合ったりするなどの方法で，物をできるだけ長く使おうとする意識や実践力につながるから。
⑳	児童討論会に向けて，全員が1人1役を担い，よりすばらしい学校にしていくための準備をしていく。学年の団結力を高めるとともに，次期リーダーとしてのやる気と責任感を高めることができるから。
㉑	物が豊かにあふれ，周りは新しい物についての情報で一杯である。児童は流行に影響され，さまざまな欲求をもっている。こうした中，自分の生活を振り返り，自分の欲求をどこまで満たし，どこまででとどまらせるのかを判断する力と物の有効利用に努める態度を育てることができるから。また，家庭科での不用品の生かし方，国語科のごみ問題についての調べ学習を踏まえ，なぜ物を大切にしなければならないのかという本質に迫ることができるから。
㉒	環境破壊や公害は産業の発展と深い関係があり，豊かな生活を求めてきた結果として，再び人間にたくさんの問題が返ってきていることを知る。農業，林業，水産業，工業など産業界全体で，あるいはまた，日本各地で環境を保全していくさまざまな取り組みがなされている。自分たちも，将来にわたって環境を守っていく必要があると考えることができるから。
㉓	夢の実現する方法や自分を高める方法を，インターネットなどを利用して追求していく。暮らしや産業に大きな影響を及ぼす情報について学習する中で，情報を伝えたり，受け取ったりする時のマナーや，有効に活用することの大切さを理解させることができるから。
㉔	スキー体験や集団宿泊を通してお互いに理解し合い，仲間との活動に積極的に取り組もうとする姿勢を育てる。また，スキーを初めて体験する児童も多い。自分の目標に向かって，仲間とともに粘り強く練習に励み，目標を達成しようとする姿勢を育てる。また，目標を達成したときの達成感を体得させる。
㉕	体育科のチーム競技を通して，男女関係なく，目的に向かって協力しながら活動することのすばらしさを体得させることができるから。
㉖	割合に関する日本と外国の言い方を知り，算数の分野でも国によってさまざまな違いがあることを知ることで，他文化についての理解を深めることができるから。

㉗	遊びや話題が男女により異なってくる。男子は男子，女子は女子で遊ぶことが多くなる一方で，異性への関心が芽生え，それが反発となって現れることも多い。互いのよさに目を向け，理解し合うことの大切さに気付くとともに，協力して学校生活を送ろうとする心情を育て，学習発表会につなげていくことができるから。
㉘	日本の音楽文化の代表でもある「琴」の演奏に触れることで，自国の文化に対する興味をもち，理解を深めることができるから。
㉙	狩人の「大造じいさん」とガンの群れの頭領の「残雪」との間に繰り広げられる生存をかけた厳しい戦いを読み取り，残雪の知恵や頭領にふさわしい勇敢で責任感あふれる行動，仲間のために責任と勇気をもって何事にも立ち向かう真っ直ぐな心を理解させることができるから。また，高学年として，また人として，人のために生きる姿や堂々と振る舞う姿について考えさせることができるから。
㉚	アフリカのカササ氏の話を聞き，資料を読むことで，アフリカの貧困の問題だけでなく，世界にはさまざまな生活様式があり，多くの文化があることを理解することができるから。日本の価値観でアフリカ諸国を同情するという捉えではなく，生活を知るという意味で，他文化の理解を深めることができるから。
㉛	「世界のこんにちは」「世界の数の数え方」「世界の衣装」を学習することで，さまざまな文化，風習に触れ，日本との違いを理解することができるから。世界を知る上で，あいさつや数，衣服など，身近なものから興味付けをすることができるから。
㉜	持久走は，自分との戦いである。昨日の自分，あきらめそうな自分に打つ勝ちながら，記録に向かって走る。夢の実現も同様である。さまざまな困難を乗り越え，粘り強く取り組む姿勢を育てることができるから。
㉝	ある人物の生き方に憧れたり，自分の夢や希望が膨らんだりする。しかし，憧れの気持ちだけに終始してしまい，努力をするなど考えられない児童も少なくない。自分の夢や音楽に向かっていく「ベートーベン」の姿から，希望をもつことの大切さや，挫折を克服する人間の強さについて考えることができるから。また，自分の日常生活における努力目標を立て，くじけず，勇気と希望をもって取り組み，それに向かって着実に前進していこうとする強い意思と実行力を育てることができるから。
㉞	運動会，学習発表会，児童討論会，卒業生への飾り作りなど，よりよいものやよりよい結果を求めて，学級や学年でアイディアや考えを出し合い，協力して活動に取り組む。一人一人が互いに信頼し，友情を深め，自他ともに成長を促していくことができるから。

付録　ESD関連カレンダー

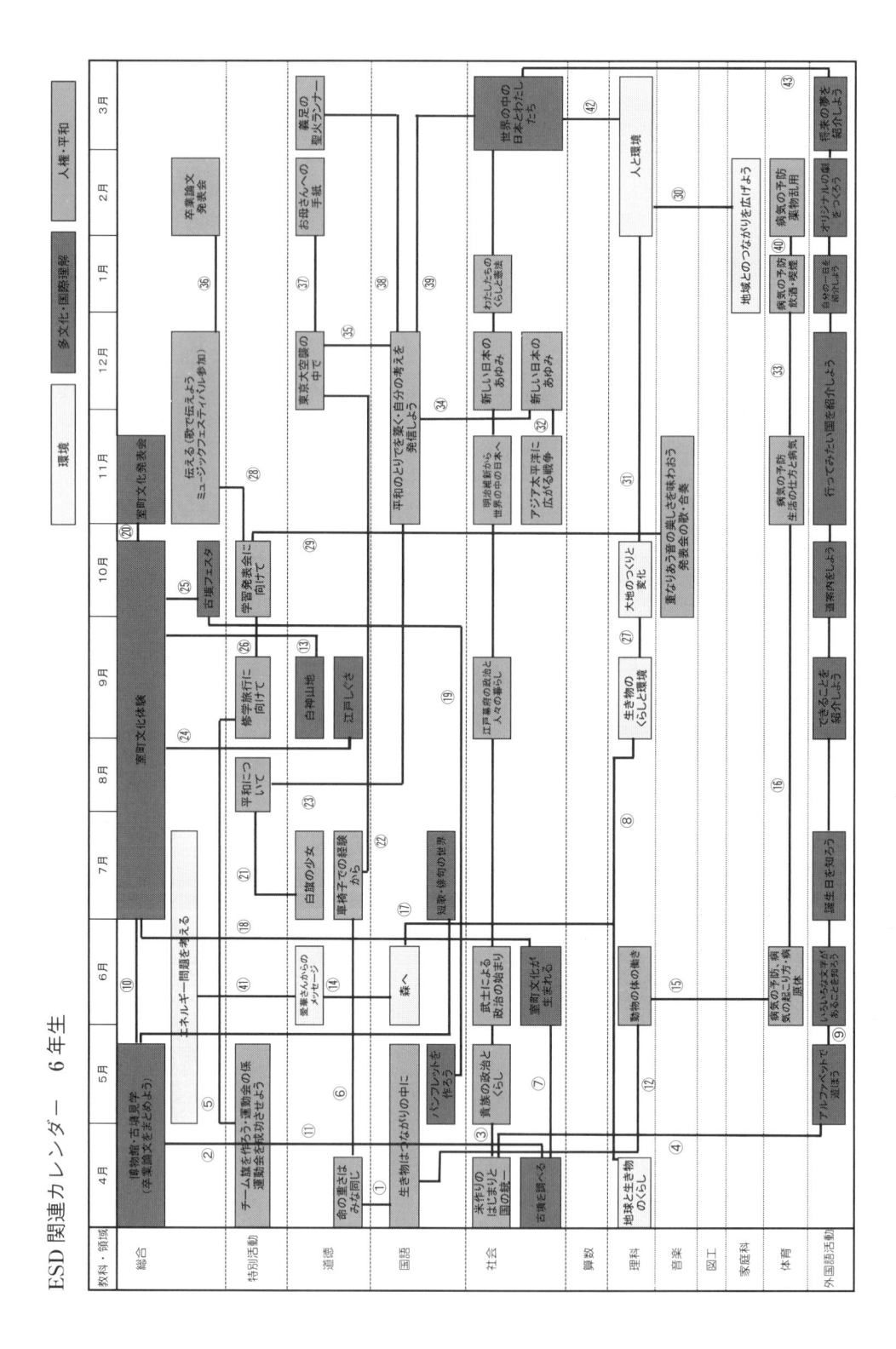

ESD関連カレンダー　6年生

凡例: 環境／多文化・国際理解／人権・平和

教科・領域	4月	5月	6月	7月	8月	9月	10月	11月	12月	1月	2月	3月
総合	博物館・古墳見学（卒業論文をまとめよう）②		⑩			室町文化体験 ⑳		室町文化発表会	伝える（歌で伝えよう ミュージックフェスティバル参加）㉘		卒業論文発表会 ㊱	
特別活動		チームの和を作ろう／運動会の係・運動会を成功させよう ⑤	エネルギー問題を考える ⑱			修学旅行に向けて ㉔	古豊エスタ ㉕／学習発表会に向けて ㉖					
道徳		命の重さはみな同じ ⑪	薬等さんからのメッセージ ⑭	白旗の少女 ㉑	平和について ㉓				お母さんへの手紙 ㊲			義足の聖火ランナー
国語		生き物はつながりの中に ①	パンフレットを作ろう ③	車椅子での経験から／短歌・俳句の世界 ⑰								
社会	米作りのはじまりと国の統一／古墳を調べる	貴族の政治とくらし ⑦	武士による政治の始まり／室町文化が生まれる			江戸幕府の政治と人々の暮らし ⑲／白神山地／江戸しぐさ ⑬		平和のとりでを築く・自分の考えを発信しよう ㉙	東京大空襲の中で ㉟／明治維新から世界の中の日本へ／アジア太平洋に広がる戦争	新しい日本のあゆみ ㉞／わたしたちのくらしと憲法	新しい日本のあゆみ ㉜	世界の中の日本とわたしたち
算数												
理科	地球と生き物のくらし		動物の体のつくり ⑫			生き物のくらしと環境 ㉗	大地のつくりと変化				人と環境 ㉚	
音楽			④				重なりあう音の美しさを味わおう／発表会の歌合奏 ㉛					
図工												
家庭科										地域とのつながりを広げよう		
体育			病気の予防／病気の起こり方・病原 ⑮	誕生日を知ろう ⑯			できることを紹介しよう			病気の予防／生活のし方と病気 ㉝	病気の予防／飲酒・喫煙 ㊵	
外国語活動	アルファベットで遊ぼう		いろいろな文字があることを知ろう ⑨				行ってみたい国を紹介しよう	自然の一日を紹介しよう		オリジナルの劇をつくろう	病気の予防／薬物乱用	将来の夢を紹介しよう ㊸

154

6年　つながりの理由

①	児童は生命の大切さについて理解はしているが，実際の生活の中では，生命を軽視した言動が見られる。どんな生命に対しても誠実に向き合い，生命誕生の喜びや死の重さ，生きることの尊さを知ることから，自他の生命を尊重し，力強く生き抜こうとする心を育てるとともに，生命に対する畏敬の念を育てることができる。生まれた時から機械文明の中で育ってきた児童は，「より早く」「より正確に」という生活を送っている。人間と機械との違いは何か，人間らしい生き方を考えるという意味で，「生きている」ということを意識できる。
②	農耕が始まった頃の人々の生活や社会，邪馬台国，各地に作られた古墳を取り上げ，これらを具体的に調べる。各地に支配者が現れ，大和朝廷による国土の統一が進められたことがわかる。ここでは，特に駅家地域に存在する多くの古墳を調べることによって，地域の再発見や２学期の室町文化発表につながっていく。
③	社会科の学習では，わが国の歴史の流れを現代に至る人権獲得の歴史として捉える。国家・社会の発展に大きな働きをした先人の業績や優れた文化遺産について興味・関心をもち，それぞれの時代の課題を解決し，願いを実現していった人々に共感できる学習にしていく。日本の歴史には多くの外国との交流があり，日本文化の形成に大きな影響を及ぼしている。
④	日本の歴史は，外国との交流なくして語ることはできない。古代から近隣の国々と交流しながら影響を受け，政治の仕組みや文化を生み出してきた。歴史学習と英語活動をつなげ，諸外国の人々の暮らしや文化を理解することで，世界の人々との協調性をもつ子に育てることができる。
⑤	最高学年として赤・白チームに別れ，運動会に向けて，係や応援団を組織する。演技や競技だけでなく，全校をリードする学年としての自覚と責任をもたせながら取り組むことで，自主性を育てていける内容である。また，２学期初めの修学旅行に向けて，見学したい場所を選択し，主体的な調べ活動や，班活動を仕組むことで自主性を育てることができる。
⑥	相手の立場に立って考え，誰に対しても温かい心で接しようとする心情を育てる。児童は体の不自由な人や社会的に弱い立場に置かれている人，困っている人に対し，親切にしてあげなければいけないということは理解できているが，なかなか実践できない。同じ人間として，相手を理解し，尊重するという視点でつながりをもって学習させたい。
⑦	武士が力をもった経過や武士による政治が始まった頃の様子と，その頃の文化について関心をもち，「古墳を調べる」の学習と同様に，進んで調べ，調べたことをもとに追究していく単元である。室町文化発表会と直接つながる単元である。
⑧	「地球と生き物のくらし」では，たくさんの生き物が暮らしていけるのは，豊かな水と空気が地球には存在しているからであるということをおさえる。「生き物のくらしと環境」につながる。また，人間は特別ではなく，動物の仲間であり，生きるためにさまざまな形でかかわっていることに目を向けさせる。
⑨	外国語活動はそれぞれの内容の中で文化的背景を理解させながら，日本の文化を理解するとともに，さまざまな国に関心をもち，理解を深めていける内容になっている。また，ALT の出身地によって，ものの考え方，習慣が違うこと知り，それらを理解することができる。 【Lesson 1】ヘレン・ケラー，野口英世，トーマス・エジソンなどの人物への興味・関心を高める。名前の書き方は，姓＋名，あるいは，名＋姓の表記方法があること。「サイン」の意味する内容。 【Lesson 2】世界のさまざまな言語と文字について。キルト文字，ハングル文字，アラビア文字，漢字，スワヒリ語，点字。英語での句読点と日本語での句読点。TV，TEL，FAX，MEMO，UFO など生活の中で使用している英語の略記。 【Lesson 3】月の成り立ち（太陽暦・陰暦）。夏至・冬至・ハロウィン。中国の新年の祝い方。夏のサンタクロース。行事の扱いでは，その国の文化を正しく理解できるようにする。

付録　ESD関連カレンダー

	【Lesson 4】外国や日本の伝統的な遊びを表現する。楽器表現（リコーダー，キーボード，タンバリン，ハーモニカ，カスタネット，オルガン）などは外来語が多い。 【Lesson 5】交通における左右。日本とは異なり，自動車が右側通行の国がある。アメリカや韓国など。日本と同じ左側通行の国は，イギリス，アイルランド，オーストラリア，マレーシアなど。 【Lesson 6】いろいろな国の英語。アメリカ英語とイギリス英語の違い，両国の文化の違いがあること。カナダ，オーストラリア，ニュージーランドなど国では，国の成り立ちなどにより，アメリカ英語やイギリス英語の影響を受けている。インドやパキスタンなどでは，同じ英語でも国の文化の違いが現れていること。世界遺産（清水寺，万里の長城，スフィンクスとピラミッド，タージマハル，エアーズ・ロック，サグラダファミリア，フィヨルド，アクロポリス，自由の女神，イグアス国立公園，ガラパゴス諸島）。国旗の意味について。色・形にさまざまな意味が込められていることを理解できるようにする。 【Lesson 7】時差について。ロシアなどの広い国は国内に時差がある。中・高緯度に位置する国の夏冬の日照時間の差とサマータイム制。 【Lesson 8】擬声語（擬音語）。日本での聞こえ方と英語での聞こえ方の違い。日本の物語と外国の物語。 【Lesson 9】さまざまな職業とその英語名。性別による職業名区域の廃止。
⑩	茶の湯，琴，水墨画，狂言をボランティアの方から学び，室町文化に関心をもつ。追究してみたい課題として，室町文化を一つ選択する。最終的には選択したものを卒業論文にまとめる。まとめるときには，古墳見学での課題追究の仕方を生かして進めていく必要があるので。
⑪	短歌や俳句は，日本の伝統的な文学ジャンルの中でも，古くから人々の生活に根づき，親しまれてきたものである。作品の一つ一つが，何に目を留め，何に心を動かされて作り出されたのかを考え，味わうことで，日本語の美しさや豊かさに目を向けることとなる。その結果，日本の伝統文化のよさを理解することにつながるから。
⑫	命ある人や動物が生きていくには，空気が必要である。また，食べ物を取り入れ，消化・吸収している。取り入れた酸素や二酸化炭素，養分を運ぶ働きをしている肺，心臓，血管の働きを理解することで，生命を維持するということについて理解させる。この学習をもとして，命とはかけがえのないものであるという意識を育むことができる。
⑬	郷土のブナ林を守るための人々の努力や願いを理解する。このことは，自分たちは郷土の文化や伝統を守るために何ができるかを考えていくことにつながるから。
⑭	「森へ」は自然の中に身を置いて感じたり考えたりしたことを，写真と文章で構成した作品である。命と触れあうことのできる地球上の豊かな自然の恵に，児童はときめく。自然の大切さを実感し，環境を守ることの必要性を感じ取らせることのできる教材である。
⑮	人は空気と食べ物を取り入れ生命を維持しているが，病原体，環境，生活の仕方が病気を引き起こす。自分の生命を守るための病原体や人の抵抗力について理解することは，自分の生命を大切にすることにつながる。
⑯	病気は，病原体，体の抵抗力，そして生活の仕方や環境がかかわり合って起こる。病気を防ぐには，自分の生活を改善しようとする態度を育てることが大切である。規則的な生活習慣の大切さを理解し，自分の命を守っていくことにつなげる。
⑰	自分たちの生活と自然環境との関連性を認識することで，人間だけでなく動物と一緒に共存していることを知る。また，食物連鎖によって生物が保たれていることを知り，共存関係を学ぶことができるので。
⑱	室町文化に関心をもち，民衆が生きるためにどのような願いをもち，どのような努力をし，暮らしを高めていったのかについて理解する。室町文化は今も受け継がれていることを知り，これを追究しようとする態度を育てることができるから。

ESD 関連カレンダー　6年生

⑲	学区内にある二子塚古墳を見学し，学んだことをまとめる。地域の宝である古墳をより多くの人に知ってもらうため，リーフレットを作成する。そして，古墳フェスタで発表したり，リーフレットを配って説明したりすることにより，表現力を身に付け，地域の文化を大切に受け継いでいこうとする態度を育てることができる。
⑳	室町文化の体験を通して学んだことを，実際に下学年や保護者に披露発表する場である。相手意識をもった表現力を鍛える機会であると同時に，受け継がれてきた文化を伝承する機会にもなる。また，自分たちの学びや日本の伝統文化のよさを再認識できる機会にもなるから。
㉑	命の尊さを知り，全ての命を大切にしようする気持ちを育てることで，国際親善に積極的に努めるようとする心情を育てることができる。8月の登校日で，さらに平和への意識や戦争の悲惨さを学ぶので，つながりがある。
㉒	戦争中，小さな生命を守るために，母親，医師，看護師が献身的な努力をしたという話である。「患者を殺して，医者が生きられますか！」という言葉は，生命尊重を象徴した言葉である。平和学習にもつながる教材である。戦争の悲惨さと生命を尊重する大切さを強調した学習内容になっているので。
㉓	命の大切さ・尊さについて深く考えさせたい。また，自分たちが住んでいる広島は原爆を投下された町であり，原爆ドームの保存の意味や人々の平和に対する願いについて考えさせることのできる単元なので。
㉔	室町文化の茶の湯，琴，水墨画，狂言では，礼儀がとても大切にされている。礼儀は毎日の生活の中で，みんなが気持ちよく爽やかに暮らすために欠くことのできないものである。お互いを尊重し，人間関係を円滑にしていくために，いろいろな礼儀作法が伝わっている。相手を思いやる気持ちが形として表現されたものが礼儀作法であることを，室町文化の体験を通して，ここで考えることができるから。
㉕	自分たちの学びを広く地域に理解してもらう機会である。体験学習をした琴と茶の湯を地域の方の前で発表したり，お茶を振る舞ったりする。こうした経験を通して，伝承されてきた文化の意味をさらに理解するとともに，これからの生活の中に生かしていこうとする実践的態度を養うことができる。
㉖	学習発表会に向けて目標をもち，音楽を通して「伝える」ということを意識させる。どんな歌を歌いたいのか，どのような発表にしたいのか，また，パートごと練習計画やリーダーを決める中で自主性を育てていく。
㉗	大地のつくりと変化に興味をもたせる教材である。長い年月をかけて地層ができる様子や，火山や水の働きでできる地層の仕組みを知ることで，自然の神秘に気付かせることができる。
㉘	ミュージックフェスティバルに参加することを通して，仲間と共に協力し合って努力するという集団性を養う。また，駅家西小学校の伝統を受け継いでいく自覚と責任感を育てる。そのために，「伝える」というテーマ設定のもとで，何を，だれに，どのような方法で伝えるかを意識させながら，自分たちで練習を考え進めていく。
㉙	音楽の時間を活用し，学習発表会の合唱曲・合奏曲を練習する。音楽を通して，何をどのように伝えていくのかを意識させて取り組んでいける。
㉚	自分たちが住む町に興味や関心をもたせたい。環境の中に地域が存在し，環境とも深くかかわっていることに目を向けさせたい。
㉛	環境問題が起きる背景を知り，自分たちができることを実行に移せるようにする。また，今まで先祖たちが守ってきた自然や生き物を大切にしなければ，未来を守ることができないということに目を向けさせる。
㉜	日本が戦争に至った背景を確実に捉えさせることで，他国・自国ともに，大きな被害を受けたことを追求する。また，日本がアジア・太平洋諸国に及ぼした影響を考えていくことで，戦争の過ちに対する反省から日本国憲法ができ，軍隊をもたない国になった様子を捉えさせる。

付録　ESD関連カレンダー

㉝	病気の中には，生活の仕方が原因で起こる生活習慣病がある。大人になってから症状が現れるのだが，子どもの頃からの生活習慣が大きく関係している。規則的な生活習慣を身に付けることで，自分の命を守っていくことにつながるということを学習する。
㉞	戦後の日本の様子や暮らしの変化などに関心をもち，意欲的に調べることで，平和への考えを今後も持ち続けるようにする。また，戦後の日本の民主化の経緯を捉えさせることで，日本が国際社会の中で重要な役割を担ってきたことを，平和の視点から考える。
㉟	人命救助の話題である。命を大切にすることは理解しているが，自分ができることを考えるのは難しい。そこで，毎年行われる8月6日の平和式典で読まれる平和宣言文を取り上げ，「私の平和宣言文」を作り，発信することで，平和についての理解を深めることができる。
㊱	「卒業論文を作ろう」のまとめとして，自分たちの成長を保護者にプレゼンテーションするという形で伝える場をもつ。何を，だれに，どのように伝えるのかを考えるとともに，テーマに沿って取り組んだ内容を振り返ることや卒業論文を製本することで，やり遂げた自分に自信をもつことができる。また，新たな決意ももつ機会になる。
㊲	生命のかけがえのなさを自覚するとともに，人間の誕生の喜びや死の重さについて知り，よりよく生きようとする心情を育てる教材である。戦争は多くの人の命を容赦なく奪うものである。しかし，戦争でなくても，生命あるものは必ずや死があるという重さを理解させる。生命の尊重は人間尊重の基盤である。生命をかけがえのないものとして深く認識し，生きていることへの感謝の念をもたせる。
㊳	自分の平和宣言文を発信することで，平和についての理解を深める。現在も，戦争の被害により苦しんでいる人がいることを知り，戦争からは何も生まれないことを理解する。ここでのつながりは，実話事例に接することで，命の尊さをより深めていこうとする意識を高めることである。
㊴	「平和のとりでを築く」では，筆者の平和に対する訴えを読み取り，自分の考えをもつことで，平和への関心を高めることにつながる。また，外国の人々と共に生きていくには，異なる文化や習慣を理解し合うことが重要になってくるので，つながっている。
㊵	社会生活の中には，20歳になるまで許されない飲酒や喫煙や，法律で許されていない薬物乱用がある。「ちょっとぐらいは」とか，「大したことはない」という思いから，安易に手を染めてしまう大人も多い。法律で許されている飲酒や喫煙も，成長期の児童には悪影響を及ぼす。自分を大切にするためには，これらの誘惑を断り，絶対に断ることができなければならない。そうした実践力を身に付けることが生命尊重につながる。
㊶	人間は地球上で化石燃料を使用することで，科学技術を発展させ生きてきた。そのことにより自然環境に悪影響を与えてきている。有限な化石燃料を有効に使用するには，使用量を厳しく点検しなければならないし，化石燃料に代わるエネルギーを考えなければならない時代が来ている。エネルギー問題を自分たちの問題と捉え，その解決に取り組むには，理科の「地球と生き物のくらし」「生き物のくらしと環境」「人と環境」の学習を結び付けて学習する必要がある。
㊷	世界の中で日本と関係の深い国々を取り上げ，国際交流や国際協力の様子を調べることで，世界の人々は共に生きていることを学ぶことができる。現在，環境問題が世界で取り上げられていることにもかかわり，その問題を考えていくことができる。
㊸	わが国と経済や文化などでつながりの深い国に関心をもち，世界の人々がともに生きていくことが大切であるということを自覚させる。外国語活動のすべての授業を通して，英語ノートに出てくる国に対する関心を高め，その国についての理解を深めることができる。

おわりに

　本校の教員の半数は，20代です。学年主任に学級経営の段取りを習い，研究主任からは指導案の書き方，子どもの見取り方の指導を受け，各学年団からは模擬授業で事前指導をしてもらい，本番の研究授業に臨みます。

　昨年の11月。1年生の研究授業が終わったとき，担任の教職4年目の教員が「今日は，私も授業をしていて楽しかったです」と満面の笑顔で感想を述べました。研究主任をはじめ，今まで指導をしてきた者は，それを聞いて，「子どもたちに育ててもらっているのは，教員自身だなあ」と実感しました。

　本校のESDの研究は，始めてからまだ3年です。しかし私たちは，「教科のつながり」「学習内容のつながり」など，学びを深めれば深めるほど，学びで得られた新しいものに意味があることに気付くことができています。もっと早くESDの考えに出会っていたなら，今までに教えてきた子どもたちを，さらに伸ばすことができたかもしれないと思うくらいです。

　私たちは，子どもたちに付けたい力を共有し，指導の方向を何度も試行錯誤しながら，確かなものにしてきました。ESDの本質を理解しようと，がんばってきました。もちろん，日の浅い実践で，十分なものとはいえません。しかし，ESDの研究を通して教職員が育ち，そのことが子どもたちの育ちにつながっていることは自慢できます。このことが本書を発刊につながったのだと思います。

　これまでご指導いただいた先生方，私たちの研究推進を理解し，惜しみないご支援，ご協力をいただいた保護者の方々，地域の方々に心からお礼申し上げます。私たちの実践をご一読いただき，ESD推進に取り組む学校が少しでも増えることを願ってやみません。

　　平成24年2月

　　　　　　　　　　広島県福山市立駅家西小学校教頭　　甲斐　泰弘

執筆者一覧

発刊に寄せて　　吉川信政（福山市教育委員会教育長）

はじめに　　本宮弘子（福山市立駅家西小学校長）

第1章　　大戸由紀子（福山市立駅家西小学校教諭）
　　　　　藤井浩樹（岡山大学大学院教育学研究科准教授）

第2章
　1．　　松岡玲子・谷本亜由美（福山市立駅家西小学校教諭）
　2．　　矢曽仁美・松本直丈（福山市立駅家西小学校教諭）
　3．　　髙橋さゆり・右佐林優子（福山市立駅家西小学校教諭）
　4．　　村上克行・小堀麻緒（福山市立駅家西小学校教諭）
　5．（1）～（3），トピック　勇谷美奈子・森田真規（福山市立駅家西小学校教諭）
　　　（4）　代畑奈美，髙田陵壯（福山市立駅家西小学校教諭）
　6．（1）～（3），トピック　谷本久美子・髙田陵壯（福山市立駅家西小学校教諭）
　　　コラム　佐藤公章（駅家西学区まちづくり推進委員会委員長）

第3章
　1．　　大和陽子（福山市立駅家西小学校教諭）
　2．（1）　大戸由紀子（福山市立駅家西小学校教諭）
　　　（2）　福万建策（元福山市教育委員会教育長）
　　　（3）　藤井浩樹（岡山大学大学院教育学研究科准教授）
　　　（4）　川田　力（岡山大学大学院教育学研究科准教授）

おわりに　　甲斐泰弘（福山市立駅家西小学校教頭）

ご指導・ご協力いただいた皆様

文部科学省初等中等教育局　視学官	日置光久
岡山大学大学院教育学研究科　教授	住野好久
岡山大学大学院教育学研究科　准教授	川田　力
岡山大学大学院教育学研究科　准教授	藤井浩樹
元福山市教育委員会教育長	福万建策
岡山市立第一藤田小学校長	國吉久美子
広島大学総合博物館　客員研究員（現：広島大学国際センター　研究員）	小倉亜紗美
福山市建設局都市部都市交通課	荒平信行　他
地球温暖化防止アドバイザー	三浦展義
広島市森林公園昆虫館　学芸員	坂本　充
広島県緑化センター「緑の学校」講師	小笠原康成　他
NPO 福山ろうあ協会	平田敦子

広島県環境政策課の皆様	国土交通省中国地方整備局福山河川国道事務所の皆様
広島県建設局東部建設事務所調整班の皆様	福山市経済環境局環境部環境啓発課の皆様
福山市すこやかセンターあゆみの会の皆様	芦田川見る視る館の皆様
福山地区消防組合の皆様	福山北消防署駅家分署の皆様
福山市しんいち歴史博物館の皆様	国立吉備青少年自然の家の皆様
福山ふれ愛ランドの皆様	スノーリゾート猫山の皆様
駅家西学区まちづくり推進委員会の皆様	福山市第 24 区民生委員・児童委員の皆様
大塚製薬株式会社の皆様	福山平成ライオンズクラブの皆様
株式会社中国バスの皆様	カルビー株式会社の皆様

講師　大島文恵　加藤千恵(喜多流大島能楽堂)　山田優子　佐藤多恵子(生田流筑紫会)　坂本奈美
　　　広恵睦子(速水流)　佐藤明琴(蒼心会)　高田壮爾　尾多賀晴悟　土井範江　萩原知子

広島県教育委員会の皆様　　　　　福山市教育委員会の皆様

研究同人

福山市立駅家西小学校	校長				本宮弘子
	教頭（平成 21，22 年度）				村上博夫
	（平成 23 年度）				甲斐泰弘
	教務主任（平成 21，22 年度）				大和陽子
	（平成 23 年度）				村上克行
	研究主任				大戸由紀子
（平成 21 年度）	竹下尚亨	内海栄子	代畑奈美	渡辺志津子	飛垣内安代
	羽原利江	岡本綾子	苗代　誠		
（平成 22 年度）	高橋さゆり	森田真規	谷本久美子	髙田陵壮	桑田由美子
	森田祐子	兵頭祥子	堀田由実	川崎美帆	山手幸江
（平成 23 年度）	松岡玲子	小堀麻緒	三島衣子	井上稚菜	槙本由加里
	右佐林優子	矢曽仁美	松本直丈	千鶴哲弘	勇谷美奈子
	谷本亜由美	水成としこ	土屋昭子	池田枝穂	田口歩美
	太枝裕子	森上伸子	北熨斗孝代	藤井里恵子	佐藤三千世
	中村直子	久坂陽子			

未来をひらく ESD（持続可能な開発のための教育）
の授業づくり
──小学生のためのカリキュラムをつくる──

2012年4月30日　初版第1刷発行　　〈検印廃止〉

定価はカバーに
表示しています

監　修　藤　井　浩　樹
　　　　川　田　　　力
編　者　広島県福山市立
　　　　駅　家　西　小　学　校
発行者　杉　田　啓　三
印刷者　林　　　初　彦

発行所　株式会社　ミネルヴァ書房
607-8494　京都市山科区日ノ岡堤谷町1
電話　(075)581-5191／振替 01020-0-8076

© 藤井・川田ほか，2012　　太洋社・藤沢製本

ISBN978-4-623-06270-6
Printed in Japan

教職論ハンドブック

山口健二・髙瀬　淳編著　　　　　　　　　　　　　　B5判180頁　定価2520円

教職課程「教職の意義等にかんする科目」（教職論）の教科書。新法制・新学習指導要領対応。教員をめぐる制度や環境を理解し，学校現場での基礎的な知識・考え方を身に付ける。これからの教育現場で避けて通れないESDを第4部で解説。

教職論［第2版］──教員を志すすべてのひとへ

教職問題研究会編　　　　　　　　　　　　　　　　A5判　240頁　定価2520円

「教職の意義等に関する科目」の教科書。教職と教職をめぐる組織・制度・環境を体系立ててわかりやすく解説した，教職志望者および現場教員にも必読の一冊。

新しい学びを拓く 英語科授業の理論と実践

三浦省五・深澤清治編著　　　　　　　　　　　　　A5判280頁　定価2625円

実践的コミュニケーション能力を養成する──。これからの英語科授業の構成と展開，授業方法，英語科教師に求められる力をわかりやすく解説。

新しい学びを拓く 数学科授業の理論と実践──中学・高等学校編

岩崎秀樹編著　　　　　　　　　　　　　　　　　　A5判　250頁　定価3150円

新しい学習指導要領（中学校：平成20年告示，高等学校：平成21年告示）対応。数学科の目標，内容，指導，評価とこれからの数学科授業の構成・展開をわかりやすく解説。

新しい特別活動指導論［第2版］

髙旗正人・倉田侃司編著　　　　　　　　　　　　　A5判　200頁　定価2520円

「特活」で学校を楽しくしよう──。好評の入門書を新学習指導要領に沿って改訂。特別活動の考え方と基礎的な知識を，実践事例を交えてわかりやすく解説。

新しい時代の教育制度と経営

岡本　徹・佐々木司編著　　　　　　　　　　　　　A5判　240頁　定価2520円

新しい教育法制度のなかでの教育を見すえる視点を示す。教育の制度・経営にかかわる改革の動向と今日的な課題をわかりやすく解説する。

──ミネルヴァ書房──
http://www.minervashobo.co.jp